高校体育教学体系优化建设研究

桑孟新 著

中国纺织出版社有限公司

图书在版编目（CIP）数据

高校体育教学体系优化建设研究 / 桑孟新著. --北京：中国纺织出版社有限公司，2023.12
ISBN 978-7-5229-1361-2

Ⅰ.①高… Ⅱ.①桑… Ⅲ.①体育教学－教学研究－高等学校 Ⅳ.①G807.4

中国国家版本馆CIP数据核字（2024）第033194号

责任编辑：刘　茸　　责任校对：高　涵　　责任印制：王艳丽

中国纺织出版社有限公司出版发行
地址：北京市朝阳区百子湾东里A407号楼　邮政编码：100124
销售电话：010—67004422　传真：010—87155801
http://www.c-textilep.com
中国纺织出版社天猫旗舰店
官方微博 http://weibo.com/2119887771
三河市宏盛印务有限公司印刷　各地新华书店经销
2023年12月第1版第1次印刷
开本：710×1000　1/16　印张：14
字数：208千字　定价：88.00元

凡购本书，如有缺页、倒页、脱页，由本社图书营销中心调换

前言

高校体育教学体系的优化建设是对体育教学的不断完善，近年来，以高校为代表的体育教学正呈现良好的发展态势。随着我国综合国力的不断增强，树立大国意识、建设文明繁荣的新时代中国特色社会主义经济强国成为当下发展目标之一，因此，继续深入发展高校体育教学，是助力体育强国的重要内容，是高校培养身心全面发展、具有良好社会适应能力的优秀人才的有效途径。

本书对高校体育教学体系进行了深入探析，侧重于对现代体育教学理念与方法的创新探索，对构成高校体育教学的各个要素（教学理念、教学内容、教学方法、课程体系等）进行深入分析，以期为当下高校体育教学的发展，以及优秀体育人才的培养提供理论指导，完善高校体育教学过程。

全书共七章。第一章为绪论，基础性阐述了体育教学概述、体育教学论及其价值、体育教学与其他科学理论、体育教学的原则与方法。第二章对高校体育教学的理念体系进行优化建设探讨，如"健康第一""终身体育""以人为本"，以及人文主义等。第三章对高校体育教学的内容体系提出了优化建设，包括基本知识，内容的选择、加工与开发等。第四章对高校体育教学的方法体系提出优化建设，包括教学方法的科学选用和创新等。第五章探讨了高校体育课程资源的开发与利用、课程目标，以及课程设置与学习评价。第六章分析了高校教师的角色定位、学生的认知与情感准备等，对高校体育教学中的师生关系构建提出优化建设。第七章则提出了高校体育教学评价体系优化建设，针对教师对学生学习的评价、学生自我评价、学生对教学过程的评价、教师之间的互评，均给出了相应的案例与分析。

  本书在完成过程中参考了众多专家和学者的相关研究成果，在此深表感谢。由于时间和水平有限，书中难免有错误或不妥之处，敬请广大读者批评、指正。

桑孟新

2023 年 12 月

目 录

第一章 绪论 ……………………………………………………………… 1

    第一节 体育教学概述 ……………………………………………… 1

    第二节 体育教学论及其价值 ……………………………………… 23

    第三节 体育教学与其他科学理论 ………………………………… 29

    第四节 体育教学的原则与方法 …………………………………… 34

第二章 高校体育教学的理念体系优化建设 …………………………… 50

    第一节 现代体育教育新理念 ……………………………………… 50

    第二节 体育教学的人文主义探索 ………………………………… 64

    第三节 体育教学中新教育技术的应用 …………………………… 69

第三章 高校体育教学的内容体系优化建设 …………………………… 76

    第一节 体育教学内容的基本知识 ………………………………… 76

    第二节 体育教学内容的选择、加工与开发 ……………………… 91

    第三节 体育教学内容体系建设 …………………………………… 99

    第四节 体育教学内容的创新与发展 ……………………………… 103

第四章 高校体育教学的方法体系优化建设 …………………………… 108

    第一节 体育教学方法的基本知识 ………………………………… 108

  第二节　体育教学方法的科学选用……………………………117
  第三节　现代体育教学方法体系建设……………………………123
  第四节　体育教学方法的创新发展………………………………125

第五章　高校体育课程体系优化建设……………………………129
  第一节　体育课程与课程改革……………………………………129
  第二节　高校体育课程资源的开发与利用………………………133
  第三节　高校体育课程目标分析…………………………………138
  第四节　高校体育课程设置与学习评价…………………………148

第六章　高校体育教学中师生关系构建…………………………163
  第一节　高校体育教师知识结构的构建…………………………163
  第二节　高校教师的角色定位……………………………………169
  第三节　学生的认知与情感准备…………………………………177
  第四节　高校体育教学中师生关系的构建………………………179

第七章　高校体育教学评价体系优化建设………………………184
  第一节　体育教学评价的基本知识………………………………184
  第二节　体育教学评价的规范与落实……………………………192
  第三节　高校体育教学评价体系优化……………………………196
  第四节　体育教学评价的改革与发展……………………………199
  第五节　体育教学评价的案例分析………………………………203

参考文献……………………………………………………………211

第一章 绪论

体育教育,是传播体育理论、体育实践知识的主要路径,在培养学生体育才能,增强学生身体素质,实现德、智、体、美、劳等素养的全面发展具有重要意义。本章从体育教学概念、理论与价值、其他科学理论、原则与方法等方面出发,对体育教育进行一个初步认识。

第一节 体育教学概述

一、体育教学概念

作为教育体系的一个重要组成部分,体育教学有着丰富的内涵,与其他学科相比,在教育活动中发挥独特的作用。在认识体育教学这一概念之前,需要了解教学的基本涵义。

(一)教学的概念

教学,是人类社会特有的一种人才培养活动,呈现动态性,指教育者在一定组织、计划下,对具体学科或技能进行有目的的传授过程。笔者从宏观、微观两个视角作进一步论述。

宏观方面,作为一种特殊教育活动,教学指教育者以某一种或多种文化为对象，针对受教育者展开的旨在让其获得相应知识与技能的活动。其中，教育者掌握了相应的知识与技能，受教育者是教学活动的对象，二者共同构成教学活动的主体。

微观方面，教学是教师的"教"和学生的"学"组成的直观活动。在这个过程中，教师扮演"引导者"角色，组织、实施各种教学活动和教学行为；学生是教学"受众"。

综上所述，作为一种教育活动，教学是教师与学生共同参与下，为实现教学目标进行的协作过程。

（二）体育教学含义分析

1. 体育教学是一门学科

体育教学是一种特殊学科，旨在增强学生体质，促进学生身心健康，与德、智、美、劳等教学共同服务于学生全面发展的教学课程，包括目标、内容、形式、评价等多个方面。作为以课程教学为组织形式的体育教学，强调的是学生身体素质的发展和心理健康水平的提升，旨在促进学生思想道德、审美情趣和体能水平的提高，确保教学目标的实现。从这一概念来看，体育教学注重让学生掌握一定体育运动知识，习得相应技能。然而，从体育教学发展现状来看，大部分学生并没有意识到体育运动在认知、情感与社会适应方面的价值。

2. 体育教学是教育组成部分

体育教学，是教师从生物科学、哲学、心理学、教育学、社会学等方面根据一定目的和计划，开展的以身体锻炼为主要形式的教学活动，其引导学生掌握相应的运动知识与技能，在与其他学科配合下实现学生德、智、体、美、劳的全面发展。现行的素质教育，除了运动能力教育有待完善，体育运动、体育活动与训练在发展学生身心健康中均起到积极作用。

3. 体育教学是活动

作为一项有计划、有目的、有组织的系列体育活动组合，现代体育教学旨在发展学生的体能素质、运动知识与技能、情感与社会适应等能力，实现身心和谐。其并不只是让学生熟记体育运动知识，掌握一定运动技能的活动，而是在此基础上为学生带来良好的运动体验，并从中获得德、智、体、美、劳等素质的全方位的提升。

(三) 体育教学的要素构成

体育教学，并非简单的游戏或娱乐活动，不能随意而为，其是由若干要素构成的、有一定计划和目的的科学、有序的身体活动，这些要素共同组成了体育教学这一有机整体。

1. 体育教师

在体育教学活动中，教师扮演重要角色，如教学活动的组织者、实施者，以及体育相关知识技能的传授者、情感态度的引导者等。因此，教师是体育教学中一个不可或缺的主体，如果缺少这一要素，体育活动便无从谈起。另外，体育教师是课程设计的主要参与者，把控着课程进程，对课程教学效果有着直接影响，始终是教学活动的主导因子。

2. 学生

作为课堂教学的教育对象，学生是最活跃的因子，在学习活动中处于主体地位。在现代体育教学中，需要充分尊重学生的主体性，给予学生独立思考的时间和空间，发挥学生的主观能动性。

3. 教学环境

教学环境是开展体育活动应具备的各种"硬件"与"软件"，对教学质量起着重要作用。良好的教学环境，是教师"教"和学生"学"的活动得以正常进行的一个关键前提。

4.教学目标

教学目标为开展体育教学指明了方向，是体育教师安排、组织一切相关活动的参考。体育教学目标涵盖多个层面，内容、形式多样，是体育教学的定向、评价因素。

5.教学内容

教学内容包括内容实体和载体，在体育教育中表现为体育课程与体育教材。教师围绕体育学科性质及特点、学生学习发展要求和社会需要等，科学编制体育教学内容，让课程生动、有趣。

6.教学过程

在体育教学活动中，教学过程是核心的要素，是体育教学的时间、空间和程序的支撑，是教师组织、管理教学活动的基础。

7.教学方法

体育教学方法，指体育教师在教学目标指导下，结合学生身心特点和现有运动水平，制定的教学手段，旨在借助各种信息传达方式，加深学生对体育内容的理解，与教学主题、教学目标联系紧密。

8.教学评价

体育教学评价，是体育教师按照具体教学目标要求，制定的针对体育教学情况、学生学习情况的相关考核及评价指标，以反映学生这一段时间以来的学习成果，并为教师下一阶段教学提供依据。

二、体育教学目标

体育教学目标，是学生在参与有关体育内容的教学情境中，预期的学习成果。教师根据校情和学生学情制定教学目标，为开展具体教学活动提供指导，有利于丰富活动内容与形式，具有明显的灵活性与实用性特点。

体育教学目标有阶段性目标和终极目标之分，前者是体育教学各阶段目标，后者是前者的总和。目标的达成意味着教学目的的实现。体育教学既有与一般学科的共性，也有鲜明的特殊性。

(一) 体育教学目标的特性

1. 预见性与挫折性

体育教学目标并非一朝一夕就能实现的，需要一个较长的积累时间。从这方面来看，它在指导、激励教师与学生共同参与体育教学活动发挥着重要作用，是对体育活动结果的预见与期待。

由于体育教学目标并非已经实现，在完成的过程中不可避免地会遇到一些问题，阻碍着目标的实现，表现出一定的挫折性。因此，要实现体育教学目标，师生需要共同努力。

2. 方向性与终结性

体育教学目标具有明确的方向性，能反映特定的价值取向。在体育教学实践中，目标为师生教学活动提供直观、明确的指引，确保活动在正确、适当的轨道进行。

体育教学目标实现后，意味着这一目标的结束，但这并非体育教学的终止，而是一个更高层次目标的建立，相当于整个体育教学过程中一个个紧密相连的"节点"。

(二) 体育教学目标的功能

1. 体育教学目标为选择教学内容、方法提供依据

体育教学内容丰富、多样，不仅有常见的体育运动项目技能，还涉及与保健有关的知识与技能。教学目标能界定教学内容及范围，影响教师对教学方法的选择，起着价值判断的导向作用。由此可见，教学目标为明确教学内容与方法提供必要的指导。

2. 体育教学目标影响教学活动的实施

体育教学目标层次，决定着教学活动组织的严谨程度与实施手段，影响着教学的内容与组织形式，为开展体育教学活动提供指引。一般来说，体育教学目标定得较低时，实现难度小，此时组织有关活动的内容、形式更容易；而目标层次较高时，要求组织活动严谨、细致。

3. 体育教学目标影响教学评价

无论体育教学结果怎样，都应做系统、客观评价，并将获得的数据、结论及时反馈给相关教学管理部门。相关部门根据反馈结果中存在的教学问题进行调整，以提高教学质量，增强学校办学实力。因此，体育教学目标为评价体育教学价值、效能提供依据，在此基础上开展的各项活动是一个基本的价值判断过程，并影响着最终结果。

（三）体育教学目标制定依据

1. 遵循人体生长、发育规律

开展体育教学活动的一个重要前提是遵循教学规律和学生生长发育规律。个体发育分为若干个敏感时期，各个时期在形成、发展体育素养方面发挥着重要作用，利用好这些时机，能够确保体育教学效果，促进教学目标的实现。从我国国民发育现状来看，各种素质发展的黄金时期是学生阶段，尤其是大学阶段。一般学科强调学生的智能发展需要，而体育教学旨在满足学生的身心发展需要。鉴于此，高校应当组织教师、教育专家等主体积极参与到体育教学计划制订中，为指导学生进行各项体育活动提供依据。

2. 结合学生体育运动能力与兴趣

体育教学的吸引力是影响活动效果的关键因素，对此，教师应当采取各种方式激发学生的运动兴趣，让学生以一个热情、高昂的状态参与各项身体活动。具体来说，就是要结合学生生理、心理与智能现状，在赋予运动项目趣味性、对抗性的基础上，循序渐进地引导学生内化运动知识，掌握一定的体育技能，增强身体素质。此外，根据学生兴趣设计丰富、新颖的内容与形式，提高学生参与运动的积极性、主动性，培养良好的体育习惯。

3. 围绕学生全面发展

体育教学除了发展学生运动知识与技能之外，更注重学生德、智、体、美、劳等素质的全面提升。德育方面，要求学生在遭遇困难、挑战时，能够勇往直前，遵守道德规范，形成良好的个性和顽强拼搏的品质；智育方面，不少运动项目考验学生判断、分析、思维和想象能力，起到开发智力的作用；美育方面，体育运动对塑造良好的形体、促进身体健康有着积极的作用，与此同时，学生的情感体验、审美情趣等也在潜移默化中得到陶冶。综上所述，在制定体育教学目标时，要从学生的综合素质发展需要出发，科学安排教学内容。

体育教学目标为教师组织、实施教学活动提供指导，有助于把握教学方向，在推进体育教学改革中扮演着重要角色。

(四) 体育教学目标制定步骤

1. 体育教学目标制定步骤

（1）分析体育教学对象。学生学习需要，指学习者学习成绩、学习态度等现状与体育教学目标之间的差距；学习者能力与条件，指学生在体能、体育知识、运动技能方面拥有的能力、条件。教师制定体育教学目标，需要了解学生学习需要，认真分析学习者现有的各种能力与条件。

（2）分析体育教学内容。教师应结合体育教学特点与功能，科学制定体育教学内容，为开展世纪体育活动提供正确指导。可以说，缺少具体体育教学内容，设立科学的教学目标是很困难的。

（3）编制体育教学目标。分析体育教学对象、内容后，接下来就是设计体育教学目标。在体育教学中，目标的制定至关重要，是设计、实施、评价教学活动的依据，一般在"单元"或"课"教学计划下根据课程水平分别陈述。

2.体育教学目标内涵

（1）明确目标行为主体。现代体育教学目标，不再局限于过去教师单一的"教"，更强调学生学习产生的变化与结果，要求一切教学活动以学生为出发点与落脚点，这是需要重点突出的方面。

（2）准确使用行为动词。对于教学的体验性目标和结果性目标，应采用行为动词来描述，以突出学习成果的层次性。

（3）规定学习条件。陈述体育教学目标时，需要详细标注各种学习条件，如情境、环境、信息条件。鉴于体育教学设计准备工作耗费体育资源较多，需要对明确教学条件。

（4）阐述预期效果。体育教学目标的实现，以经过一系列教学活动为前提。在描述预习效果时，应突出学生的主体地位，描述语言以肯定、鼓励为主，以增强学生学习自信，激发学生的学习兴趣。

3.体育教学目标制定要求

（1）连续性。体育教学总目标下设若干子目标，如年级目标、单元目标、课时目标等，这些目标之间既相对独立，又有着密切的联系，对教学过程有着重要影响。因此，在制定目标时，要考虑子目标之间的衔接性。

（2）层次性。体育教学目标，如情感目标、认知目标、体能与技能目标等，都要遵循由低到高的规律，表现出明显的阶梯性。

（3）可操作性。在制定体育教学目标时，要求具体、明确，易于操作，为开展教学活动提供依据；另外，还要考虑对教学评价的影响。总之，目标的设计不仅要方便操作，还要便于评价。

4.体育教学目标制定注意事项

（1）有教育价值。在20世纪体育教学中，个别教师过分追求目标的分解、细化，导致制定的目标流于形式，缺少必要的教育价值，从而使体育教学质量大打折扣。

（2）与体育课程目标联系起来。体育课程目标是体育教学目标的上一级目标，二者之间应形成一个链接，体现出衔接性。

（3）符合学生学情。制定体育教学目标，应结合学生现有的运动基础、学习兴趣及发展需要等，这是确保目标合理、有效的重要标准。也只有在这种目标指导下的体育活动，才能激发学生体育学习兴趣。

（4）目标描述直观、准确。体育教学目标的制定要求直白、具体，能够为实施具体教学活动提供正确指导。

（5）寻找学生与内容结合点。教育对象、教学内容是制定体育教学目标必须考虑的两个重要方面，即目标的确定要结合学生学习需要和期望的学习效果。

（6）及时调整。由于实际教学活动存在不确定性，无论教师教学计划多么科学、合理，都不可能考虑到所有的情况。对此，必须结合教学实际状况，对设定的目标进行及时调整，以确保教学质量。

(五) 体育教学目标实施路径

从内容上看，高校体育教学包括体育与健康课、课外体育活动、其他体育健身活动等，这些内容是实现体育教学目标的基本路径。

1. 体育与健康课

体育与健康课，是根据教育部制定的教学大纲，针对学生进行体育教学开设的必修课程。其是高校体育的基本组织形式，特征如下。

（1）体育与健康课课程标准，有一定规律，授课班级相对固定。

（2）有专业体育教师队伍，场地、设施设备等体育硬件相对完善。

（3）有明确的考评要求，体育与健康课测验成绩影响学生的毕业及升学。

2.课外体育活动

课外体育活动作为体育教学一个重要组织形式，如课间操、早操、课外体育训练、课余体育竞赛等，这些方式在发展学生运动知识与技能中起到重要作用，影响着体育教学目标的实现。

（1）增强学生学习体育的主动性。

（2）培养学生运动知识与技能，有助其养成良好的运动习惯。

（3）提高学生体能，激发学生运动兴趣。

（4）丰富学生课余生活，提高其生活质量和学习效率。

3.其他体育健身活动

其他体育健身活动，是指在高校体育教育中展开的各种发展学生体能、培养学生运动兴趣与爱好的活动，这些活动贯穿体育教学的各个环节，同样是实现体育教学目标的重要途径。

三、体育教学特点

体育教学与其他学科相比，有共通之处，也有自己的个性。相同点方面，其一，目的都在于传授某一知识与技能；其二，都是师生参与的双边活动，在教学实践中，教师与学生通过语言、肢体等进行互动。在过去，互动更多地表现为教师传授学生某种运动知识与技能。而素质教育下的体育教学要求学生发挥主观能动性，教师更多的是一个引导作用；其三，都是以班级为单位开展教学活动，班级组织形式根据实际教学需要而表现出一定的差异，像学生入学组成的自然班，或根据兴趣组成的单项班。

体育教学的个性表现在以下几方面。

（一）教学环境的开放性

与以室内教学为主的一般学科教学相比，体育教学活动主要在室外进行。

目前，我国各大院校体育教学以体育实践课为主，学生聚集在操场上，等待体育教师授课。从空间上看，一般学科教学多在封闭的教室、实验室进行，体育教学空间则显得丰富、灵活，环境更为开放。体育教学环境的开放性，要求在开展实践活动过程中注意以下事项。

（1）体育活动多在室外进行，因而容易受到天气、地形、周边环境（设施、噪声）等因素的制约，一定程度上增加了组织与管理的难度。对此，应当科学设计体育教学组织形式及教学流程，采取适当的教学手段，确保室外体育活动安全、有序地进行。

（2）室外体育教学具有动态性，大部分时间学生处于运动过程中，学生数量多，可采取分组教学形式。

（3）鉴于一些学校体育基础设备、条件不够完善，在开展室外活动时，教师要格外强调安全的重要性。

(二) 教学过程的直观性

体育教学过程，更多是学生身体练习过程，教学以身体为载体，这使得教学具有明显的直观性，具体表现在讲解、示范、组织管理方面。

1. 教学内容讲解直观

体育教学实践要求教师对内容的讲解具体、生动，给学生以画面感，以便学生理解与运用。与其他学科教师相比，体育教师不仅要有生动的语言表达能力，还要有良好的肢体表现能力，让学生感到形象、贴切、富有趣味。对于一些技术要求高的动作教学，教师要详细叙述，通过形象、生动的文字尽量简化复杂动作，在分解中让学生掌握要领。

2. 动作示范直观

体育教学活动以身体练习为主，这必然涉及技术动作演练和战术配合，为便于学生对运动技能的掌握，教师必须进行动作示范或实践演示。在示范过程中，要求动作直观、形象，既要示范正确的动作，也要示范错误的动作，以便学生正确把握动作要领。需要注意的是，动作演示不能有艺术加工，以免在感官上给学生带来错误理解。直观、没有任何变形的动作示范是学生正确、清晰理解运动表象的前提。在建立运动表象后，教师加以生动讲解，让学生反复练习、尝试，构建完整的运动知识结构，掌握相应的技能，提高身体素质，发展运动水平。

3. 组织管理直观

一般学科教学以教师讲解为主，师生互动较少；而在体育教学中，教师与学生互动较多。为确保教学活动组织、管理的直观性，体育教师要富有强烈的责任心和活力，以身作则，主动与学生交流，建立融洽的师生关系，潜移默化地影响学生。在教学过程中，教师仔细观察学生行为，为学生创设一个轻松、愉悦的身体活动环节，引导学生互帮互助，表现出真实的一面，这有助于教师获得准确教学反馈，为及时调整教学过程提供依据。

(三) 教学内容的情感性

体育教学内容丰富、形式多样，学生在了解运动项目知识、技能的过程中，能获得丰富的情感体验，并内化为自身的言行。具体表现如下。

1. 运动美

与一般学科相比，体育学科具有专属的人体美和运动美特点。一方面，教师传授学生运动知识与技能，学生在勤加练习中让自己的体型更加匀称，获得充满活力、富有美感的身体；另一方面，学生在各种运动项目的学习过程中，感受到身体展示的动作美以及肌肉的动态美，这是一种外在的美，给学生视觉和精神上的享受。

2. 精神美

学生在教师引导下学习丰富运动项目的过程中，逐渐掌握了有关的运动知识与技能，并从中领会"体育精神"。体育活动具有陶冶情操、净化心灵的功效，能够平和学生浮躁的心态，得以放松因学业带来的身心压力。尤其是竞技类项目，有助于培养学生的协作精神，在面对挫折时勇往直前，面对胜利时谦逊虚心。另外，不同的运动项目有着不同的审美特性，像个人项目可反映个人的技术水平，而团体项目则强调与队友之间的团结、协作。这是体育教学的丰富内涵所在，学生在参与的过程中可逐渐领悟其中的体育精神美。

3. 体育教学内容的创造美

作为一种创造性社会活动，体育教学并不局限于让学生掌握一定的运动知识与技能，更关键的是通过体育教学给予学生心灵的顿悟和思想的启迪。体育教学让师生之间、学生之间保持密切的联系，学生在人际交往过程中提高了社会适应能力，为以后的职业生涯奠定基础。

体育项目教学有助于学生获得美的享受，提高审美品位。学生在参与各种运动中，欣赏能力得到发展。

(四) 教学条件的制约性

体育教学涉及目标、内容、方法、评价等多个方面，因此会受到不少因素的限制，这是其内在属性所决定的。

体育教学活动的限制因素，主要有学生现有运动水平，年龄、性别、身心特点，体育设施设备状况、天气等，可划分为学生特点、教学条件两方面，这些因素将直接影响体育教学效果。

1. 学生特点的制约

在体育教学活动中，学生作为教育对象，是体育知识与技能的受众。因此，学生的学情(性格、年龄、生理、心理、能力)自然会影响教学质量。对此，教师需要结合学生运动基础、体质状况，在组织和管理活动中体现出差异性，典型的有男女生之间的身体形态、机能水平、运动基础等；在教学设计、教材选择、教学组织形式方面统筹考虑，以确保体育教学活动的顺利开展，保障教学效果。

2. 教学条件的制约

在体育教学质量制约因素中，教学条件是一个重要方面。在体育教学实践中，体育教学以教学环境为载体，条件水平直接影响着活动的开展情况。由于体育活动以室外为主，若室外空气污染严重、周边噪声大等，很容易影响学生的情绪、状态甚至身体健康。除此之外，天气也是一个重要的考虑因素，像长时间的雨、雪、大风等恶劣天气，让体育教学被迫在室内进行，由于室内以理论知识讲解为主，这对发展学生体能是不利的。

综上所述，体育教学受到学生特点、教学条件等因素的限制，为确保活动开展得顺利，应当设法降低这些限制因素的影响程度，这是实现体育教学目标的内在要求。

（五）技能学习的重复性

学生想要掌握好一项运动技能，反复练习是关键。在现代体育教学下，要求学生在参与各种运动项目过程中，获得身心发展，增强社会适应能力。在运动项目学习中，掌握运动技能是一个最基础的目标，为达成这一要求，学生必须在了解理论知识基础上勤加练习、重复演练。需要注意的是，这种"重复"并非机械单一地重复，而是学生在运动技能学习中，运动能力呈现持续、螺旋式上升的过程。

根据体育运动技能形成的规律，运动技能分为练习分解动作阶段、练习连贯动作阶段、独立完成连贯动作阶段、熟练完成连贯动作阶段。

因此，在体育教学中，教师应当遵循教学的客观规律，由浅入深引导学生理解运动知识、演练各种动作，在结合运动技能特点、学生实际情况的基础上，科学安排训练内容，循序渐进地指导学生的动作练习，必要时进行示范，以提高学生运动水平。

(六) 身体活动的常态性

为掌握某一运动技能，学生需要反复练习，这种技能学习的重复性决定了学生应当经常进行身体锻炼，从而养成良好的运动习惯。因此，体育教学活动下，学生需要进行频繁的身体练习，呈现出常态性特征。

与一般学科相比，体育教学需要学生掌握基本运动技能，以便满足各种身体活动的要求，这是二者的显著区别。像文化类学科教学，以教室、实验室等场所为主，要求给予学生一个安静的环境，这是激发学生思维、提高学习效率的前提。至于体育教学，更倾向于将室外操场或专用运动馆作为场所，要求空间开阔，大部分教学时间无须刻意保持安静，师生之间、学生之间能就练习问题随时互动，以加深学生对运动技能的掌握。总之，体育教学从某种程度上来讲就是身体活动以及相关准备活动，要求学生反复练习动作技能。这里有一个前提，即教师科学安排练习内容与时间，要求练习不超出学生的负荷，以免造成身体损害。

体育教学身体活动的常态性不局限于学生，教师也包含在内。除了学生需要进行相当的负荷运动，教师在示范、指导、组织与管理过程中同样会耗费不少体力。

(七) 身体练习的统一性

现代科学证实，身体健康与心理状况有紧密的关系，二者相互影响、相互作用，身体的健康能改善心理状况，同时心理健康也有助于身体机能的运转。所以，体育教学要求学生身心共修。

体育教学不仅关注学生体能的发展，还注重学生心理健康以及社会适应能力的培养，这是一般学科无法替代的。究其原因，体育教学能创设各种积极的教学情境，让学生在无形中受到熏陶，在通过身体动作锻炼体质的同时，社会交际能力、顽强拼搏的精神、团结协作意识等内在品质也会得到改善，促进身心的统一发展。其中，身体发展是基础，心理发展是拓展、延伸。由此可见，体育教学既让学生掌握了一定的运动知识与技能，在发展学生思维理念、塑造良好个性和健全人格方面也有着显著效果。对此，体育教师可以从以下几方面入手。

1. 选择有益于学生身心发展的教学内容

体育教学内容直接影响最终效果，并为开展体育活动提供指导。因此，教师在选择内容时，要慎之又慎，结合学生生理、心理特点，以及学生审美情趣、社会适应能力的需要，科学编排教材，选择可以促进学生身心统一的教学内容，让学生在积极参与过程中学习知识与技能，获得良好的情感体验，在增强自身体质的同时，提高心理健康水平。

2. 选择符合学生身心特征的教学方法

与人文类学科教学相比，体育教学方法更加多元化，方便体育教师根据学生的实际情况和学校的设施条件，选择最适当的教学手段。在高校体育教学中，教师应当围绕大学生身心发育特点，遵循大学生成长成才规律，选择科学的教学方式，妥善安排教学负荷，让学生在身体运动中培养体育学习的兴趣，养成良好的运动习惯。

3. 考虑学生身心承受能力安排运动量

体育教学以身体练习为主，这是学生习得运动技能的关键，在这个过程中，学生将经历一系列体验。无论哪种体育实践活动，都需要学生身体的直接参与，这就面临身体负荷和心理负荷问题。在运动过程中，学生不仅要承受肌肉活动引起的疲劳、不适，还会体验到各种心理情境，这对磨炼学生坚强意志，让学生面对挫折不轻易放弃、面对成功不骄傲自满，促进学生身心健康发展有着积极作用。

（八）人际关系的多边性

与一般学科教学相比，体育教学要求师生、学生之间进行更多的互动，这有助于学生的多边人际交往能力的形成与发展。现代体育教学组织形式需要在单人、双人、小群体、全班之间轮换，要求学生在不同时空下完成不同运动负荷，在这一过程中，学生需要扮演多重角色，与他人建立多种联系，尤其是师生之间、学生之间、小群体之间。体育教学人际关系的多边性，要求教师在组织管理活动中做好以下四个方面。

(1) 尊重学生差异，关注每一位学生的成长。

(2) 采取多种手段与学生互动、沟通。

(3) 及时肯定与评价，引导学生初步体会社会交往。

(4) 指导学生的协作，锻炼学生竞争合作的意识，提高人际交往能力。

四、体育教学功能

(一) 传播体育知识

在教学活动中，知识传播是基础，体育教育也不例外。对于体育教师来说，向学生传授体育运动知识与技能是一项基本职责，这也是体育教学的基本目标之一。从"教"与"学"的视角来看，体育知识相当于一种"身体知识"，学生需要通过各种身体练习掌握和运用这种知识。不同的历史时期，有着不同的"身体知识"传承。原始社会中，人类通过走、跑、跳、投等动作捕猎或躲避猛兽行为就是身体知识。进入现代社会，身体知识的传承演变为某一运动项目基本知识或技能的传授。

需要明确的是，体育教学下知识的传承，并非简单的"身体知识"模仿，而是要编排一定教学内容、选择恰当教学方法下对学生展示、传授与体育教学内容有关的文化。

(二) 传授运动技能

现代医学证实，科学的体育锻炼有益于身心健康，在预防疾病、延年益寿方面效果显著。而体育教学为参与各项运动提供广阔平台，另外，教学中提及的运动技能要求并不像过去那样严格、专业，更多是传授球类、武术、游泳等运动技巧与方法。

从我国体育教学现状来看，教师组织体育教学活动的过程，是在体育教学目标和教学内容指导下，传授学生运动知识与技能的过程，在这个过程中，师生、学生之间保持积极的交流与沟通。由此可见，体育教学以运动技术为重要内容。一些项目运动技术十分复杂，教师需要将其进行分解，做示范，并引导学生积极练习，让学生在练习过程中把握动作要领，提高运动水平。

作为运动技术的掌握者与传播者，体育教师在传授学生运动技术过程中扮演着重要角色。具体来说，教师需要以入门、基础动作为着手点，循序渐进、由浅入深。与一般学科学习相比，运动技术的掌握不仅要求学生掌握扎实的理论功底，还要亲自参与到动作练习当中，在反复实践中形成对运动技能的条件反射，建立相应的表象反应，由陌生到熟悉，由一知半解到完全掌握。总之，要想掌握某项运动技能，没有日积月累和长期的坚持是无法实现的。

(三) 传承体育文化

从本质上看，体育教学活动旨在让学生习得正确运动方法，对学生的身心发展起到正向引导作用，因此，这个过程也是体育文化传承的过程，无论是知识的讲解，还是动作的示范，都是为传承体育文化服务的。

体育文化传承，是一个系统过程，要想实现这一目标，需要结合学生不同时期身心特点开展相应的教学活动，系统地传授学生运动知识与技能，实现运动文化的内化。应注意以下三点。

1. 保证体育课内容之间的衔接

在技能教学中，积累传习的各种运动技术，待学生完整掌握某一运动项目技术后，再继续累加，进而掌握各种运动技能。

2. 确保不同阶段体育教学的可持续发展

体育教学，是所有体育课组成的教学计划。根据不同教学周期分为课程教学、周教学、学期教学、学年教学，以及多年教学等。为了让学生全面系统掌握体育运动知识与技能，实现体育文化的传承，应当将小学、中学、高中、大学体育教学连贯起来，彼此形成一个有机联系的整体。

3. 突出学生主体地位

现代教育教学强调以人为本，一切教学活动以学生的全面发展为出发点和落脚点，这种人类自我知识的回归与体育教学独特性相适应，并赋予其知识传承的内涵。因此，教师在组织、管理体育教学过程中，要尊重学生的个体差异性，设法发挥学生的能动性，培养学生体育学习的兴趣与爱好，引导学生主动参与到运动技能的学习和实践当中，养成良好的锻炼习惯。这是现代体育教学的应有之义，也是实现体育文化传承的根本路径。

(四) 体育运动乐趣

体育教学具有明显的趣味性，学生在参与各种体育活动中，在从陌生到熟悉过程中会获得相应的成就感，拥有良好的体验。另外，在运动练习中，同伴之间的协作也会带来无穷的乐趣，这种乐趣往往能够让技能学习事半功倍。体育运动乐趣，指人们在参与身体运动、体育竞技中获得的愉悦感与满足感，这是体育教学功能的外显表现，也是其目的所在。

在体育教学实践中，教师要根据学生的兴趣、身心特点、运动基础等，在安排内容、负荷等方面体现差异性，通过组织丰富、有趣的活动形式，让每一位学生在积极参与过程中，能在原有的身心基础上得到锻炼和发展，并从中获得乐趣，激发运动兴趣。

1. 正视运动乐趣问题

任何一项体育运动项目，都有其独特的乐趣，这源于该项目固有的运动过程和比赛特点。这一点与游戏相似，有些运动项目的乐趣是显性的，有些则需要自行体会。对此，教师要围绕教学内容与学生学情，采取适当的教学手段，充分挖掘运动项目的乐趣。

2. 让学生持续获得成功的运动体验

在大多数情况下，体育教学的身体练习"千篇一律"，显得枯燥乏味，学生需要克服这种感受，努力练习，当成功掌握某项运动技能后，便会获得前所未有的成就感，进而迸发出更大的兴趣。鉴于此，教师需要安排富有一定挑战性的，适合学生"最近发展区"的内容，指导、鼓励学生刻苦练习，帮助学生树立"守得云开见月明"的坚定信念。

3. 采取多元教学方法，给予学生乐趣体验

教师在开展体育教学过程中，应当结合多元教学方法，如游戏法、挑战性练习法、分组总分比赛法等，以情景化、趣味化、生活化、竞赛化等形式，让学生在体育运动中享受其中的乐趣，促进身心和谐发展。

(五) 增强身体素质

体育教学的直接目的在于增强学生身体素质，因此强身健体是运动教学的基础功能之一。在多年教学改革和实践后，现代高校体育教学在教学大纲、内容选择、课时安排、组织形式等方面有不小的改善，一个科学、合理的体育教学体系逐渐确立起来。为了发展学生体能，实现体育教学健身目标，体育教师需要从以下方面入手。

1. 强调健康教育

教师应遵循体育教学规律，结合学科特点和学生学情，将体育活动与各种有效的健身内容、方法与手段（娱乐的、保健的、竞技的）结合起来，体现体育教育教学的教育性、娱乐性、健身性等特点，吸引学生参与各种运动项目，掌握科学运动的知识与方法，在这一过程中增强体质、提高心理健康水平，实现体育教学强身健体功能。

2. 科学安排负荷

运动有益于身心健康，也要讲究运动的方式，制订科学的运动计划，确保运动负荷在身体承受范围以内。因此，教师需要结合学生运动基础，兼顾男女生身体特征上的差异，合理安排运动量。在体育活动中，学生需要亲自参与到运动当中，此时身体需要承受一定的运动负荷。当负荷得当时，有利于身心发展，能够改善学生各项身体机能，具体效果取决于运动项目内容、学生身体素质、持续运动时间、休息间隔、营养摄取等。要想确保体育教学质量，根据学生实际身体状况安排合理的运动量尤为重要。

3. 突出锻炼重点

体育教学内容丰富，不同运动项目对参与者的素质要求有所不同。像足球对参与者的耐力、爆发力、速度、灵敏度要求较高；游泳则要求参与者具备良好的心肺功能及协调功能。因此，在组织体育教学实践中，教师要结合学生运动基础、特长、兴趣爱好等，分级分类选择相应的体育教学内容，安排学生进行身体练习，让全体学生在原有基础上都能得到提升。为此，在制订教学计划时，教师要清楚了解学生身体素质和运动水平，在遵循体育教学规律和学生身心特点的规律基础上，采取适当的教学手段指导学生进行技能训练。

(六) 促进心理健康

开展体育教学，在增强学生体质的同时，也有利于学生形成一个良好的心理状态，起到稳定情绪、塑造个性的作用。这种促进心理健康的实现，同样需要教师的知识传授，需要教师以身作则，在学生心目中树立良好的形象，用崇高的人格魅力感染学生，发挥"润物细无声"之效。为提高学生心理健康水平，教师可以从以下两方面着手。

1. 平和心态，缓解压力

体育教学实践表明，学生在参与运动项目的过程中，能够获得良好的心理体验,这是因为学生在身体练习中会频繁面对成功与失败,尤其是练习初期的各种挫折。这些挫折是学生走向成功的宝贵经验,有助于转化为学生坚韧不拔的品质、优良的心态和时刻保持谦虚的个性。当具备这些素质时,也就意味着学生离成功不远了。体育教学不仅仅是锻炼学生的身体素质,让学生掌握一种或多种运动技能,更关键的是让学生在身体运动过程中自觉践行道德规范与理念,不断完善自身的品质。

总之,体育教学实践有助于培养学生抗挫折能力,缓解学生身心压力,让学生在各项运动中获得身体和心理上的愉悦。

2. 修养品德,完善人格

(1)体育教学活动有助于提升学生思想道德水平。体育竞赛能让学生养成遵纪守则的意识;在知识与技能传授中,自觉维护课堂秩序;在日常身体练习中,学生之间互帮互助;在竞技中,做到尊重对手、尊重裁判。学生的规则意识是确保各项活动顺利开展的前提。

(2)系统、科学的体育教学在陶冶情操、塑造健全人格方面有潜移默化的效果。由于多数体育运动需要集体共同参与,协作是团体取得胜利的关键,在这个过程中,有助于培养学生的集体精神,懂得互帮互助、协调配合,以发挥合力效应。事实上,学生的身体练习过程,是其体力活动与智力、情感、意志活动密切联系的过程,起到锻炼身体体质和思维理念的作用,有助于学生身心的共同发展。对于学生而言,作为运动团体的一员,需要正确对待自身利益与集体利益的关系,能够顾全大局,避免因为一己之私造成团队的失利,甚至损害集体利益,这要求学生具备完善的道德人格。

综上所述,体育教学功能丰富,在现代体育教学活动中,教师需要不断提高自身专业素质和教学能力,以生动、有趣的教学方式吸引学生,以崇高的人格魅力打动、感染学生,以身作则,引导学生在身体练习过程中实现德、智、体、美、劳的全面发展。

第二节 体育教学论及其价值

一、体育教学论概述

(一) 体育教学论概念与结构

1. 体育教学论概念

体育教学论，是一门针对体育教学各种现象及一般规律进行研究的学科，旨在从各种体育教学表象中找出共性特征，挖掘潜在的客观规律，揭示一般的本质属性。

2. 体育教学论结构

体育教学论实际上是人们对体育教学过程中存在的各种问题的反思，包括理论和应用两部分，具体如图1-1所示。

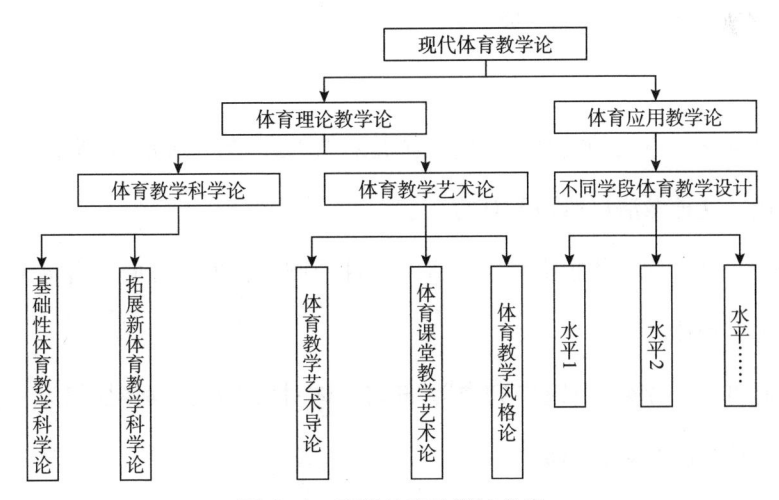

图1-1 现代体育教学论分类

(二)体育教学论理论基础

1. 一元论

18世纪，德国唯心主义哲学家沃尔夫首次提出"一元论"概念，该词一开始并不用于哲学领域。直到19世纪末，德国哲学家海克尔基于物种保存原则和进化论世界观，提出哲学范畴下的"一元论"。

"一元论"是相对于"二元论（主张世界包括物质、精神两个本原）""多元论（主张世界除了物质、精神之外，还包括空气、水等）"而言的，认为世界只有一个本原。它强调物质是根本存在的，处于第一位，精神处于第二位，取决于物质这一客观存在。

一元论有唯物主义和唯心主义之分。前者强调世界的本原是物质的，后者则认为世界的本原是精神的。

事实上，在马克思主义诞生之前的唯物主义者的社会历史观，并非彻底的，本质上仍然具有唯心主义特点。直到马克思辩证唯物主义出现，强调反映在自然观与社会历史观基础上，体现了完整唯物主义一元论，科学论证和全面贯彻"世界的本原是物质"这一学说。

2. 二分法

在日常表述事物种类时，人们往往混淆"分类"与"划分"的概念，将二者等同使用，这种做法显然是不对的。

分类，一方面，指根据种类、等级或性质归类；另一方面，指将无规律的事物分为有规律的。

由此可见，分类类似于"归类"，即将个体对象根据共同特征归为一类，把具有共同特征的类集合起来。

分类以比较、概括个体之间、类别之间异同为出发点。因此，分类更侧重于归纳和类比。

划分，即区分，将某一整体分为若干部分。传统逻辑延伸了划分概念，即将一个类分为若干子类。

综上所述，分类是从种到属，划分则相反，二者相辅相成、大部分情况下并用，并呈现出一致的结果。要提高划分精确性，要注意以下四点。

(1) 各子项之间不兼容。

(2) 每一子项包含其母项的某一个分子。

(3) 每次划分时，依据不变。

(4) 不能越级划分。

从划分原则来看，"二分法"遵循了划分规律、原则，是一个相对科学的划分方式。

3. 观察学习理论

观察学习，即对榜样的行为进行模仿就能学会某一行为。美国心理学家班杜拉认为，人类不必是行为直接实施者或亲身体验者，同样可以形成社会学行为，主要路径是在社会环境下，观察、学习榜样的示范行为及其结果，以提高学习效率。

在班杜拉看来，人或物能否成为榜样，在于其能否成为他人观察学习的对象。一般来说，榜样并不局限于现实中的人，有以下三种类型。

(1) 现实生活中的类——活的榜样。

(2) 以语言描绘或形象化方式表现出具备某一典型特点的榜样——诫例性榜样。

(3) 以语言或影视呈现的符号榜样。

根据观察学习者观察水平，观察学习可以分为以下三种类型。

(1) 直接地观察学习。学习者对示范行为的简单模仿。

(2) 抽象性观察学习。学习者从示范者行为中获得一定行为规则或原理。

(3)创造性观察学习，学习者从不同示范行为中抽取不同行为特点，形成一种新的行为方式。

从过程来看，观察学习涉及注意、保持、运动再现、动机四部分。学习者学习行为受到榜样条件的制约，其原因在于需要对示范行为进行细致观察，这是确保学习效率的前提。基于此，榜样想要发挥良好的示范作用，一般要符合以下四个条件。

(1)示范行为有实施可能性，符合观察学习者的能力范畴。

(2)示范行为符合观察学习者的身心特点，便于其理解。

(3)示范行为有侧重点，要求生动、形象，能够激发学习者的能动性。

(4)示范行为值得信赖，目的纯粹。

(三)体育教学论研究对象

无论哪一学科，都有着自己独特的研究对象，这是区别于其他学科的一个重要方面，体育教学论同样如此，内容如下。

1. 教与学的关系问题

体育教学活动效果，受到若干因素的制约，尤其是教学主体、教学客体、教学环境等，要素之间既相互独立，又相互联系，共同构成教育教学这一有机整体。其中，教与学的关系是体育教学活动中最根本的关系，所以体育教育必须把握教与学的关系，以确保教学活动顺利开展。在此之前，需要深入研究教与学的关系，挖掘其背后的本质内涵，掌握体育教学各项原理，用于指导教学活动。

2. 教与学的条件问题

教学条件对体育教学活动的展开以及最终效果有着直接影响，扮演"保障者"的角色。在体育教学中，教学设施设备等硬件，教学氛围、师资队伍等软件作为教学条件的基本内容，影响着体育教学目标能否实现、教学质量能否得到提升以及高校体育的可持续发展。

3. 教与学的操作问题

体育教学论，研究的不仅仅是理论层面内容，还包括实践中的问题。体育教学视角下的教与学的操作问题，指遵循体育教学原理、规律进行的教学设计，包括教学内容的选择、教学方法与模式的运用、教学评价方法的设计等。

(四) 体育教学论研究内容

1. 理论部分

包括体育教学因素、体育教学原则、体育教学原理、体育教学特征、体育教学规律等。

2. 实践部分

包括体育教学内容、体育教学模式、体育教学手段与方法、体育教学评价等与教学实际有关的部分。

二、体育教学论的价值

(一) 把握体育教学本质

与其他学科相比，体育教学是一门复杂的学科，是诸多教学现象组合而成的有机整体。所以，对于体育教师而言，要把握体育教学的本质有一定的困难，一旦没能认清其本质，很可能会给教学活动的开展与评价带来负面效果。而体育教学论能减少这方面的顾虑，帮助体育教师透过教学表现深入教学的本质，并对体育教学形成一个科学、准确的认知与评价，在教学实践中更加得心应手。

(二) 辨别体育教学要素之间的关系

作为一项系统教学工程，体育教学体系庞大，涵盖教学主体、客体、方法、内容、目标、环境等各种因素，这些因素之间相互交织、相互作用。从体育教师的视角出发，需要在体育教学论指导下科学分析、判断体育教学各要素，把握各要素之间的关系，进而认识和了解体育教学的本质特征，以确保体育教学活动顺利开展，提高教学效能。

(三) 完善体育教学研究

随着基础教育改革的深入，体育教学也投身于改革热潮，其内涵以及有关内容发生了相应变动。此外，体育教育与体育文化的革新，复杂了体育教学现象，体育教学实践中涌现出新的特征和状况。目前，人们尚不能完善解释和解决这些新问题，对此，应当借助体育教学论，深入分析问题，厘清各种关系，建立完善的体育教学理论体系。

(四) 指导体育教学实践

规律往往隐藏在表象的深处，体育教学领域也是如此。当体育教师对体育教学规律有了全面的把握时，就可以遵循这些规律和要求，来指导体育教学活动，以增强教学效果。在此之前，体育教师需要认真学习体育教学论，不断增强自身的专业素质和教学能力，在实际教学中以身作则，在科学理论指导下组织、管理体育教学实践。

(五) 促使教学活动顺利开展

新课程改革以来，传统教学理念的局限性越加明显，难以满足现代教育教学的需要。对此，体育教师必须转变教学观念，与时俱进，并积极参与到体育教学内容改革、创新当中，以保证教学内容与教学理念的先进性，为实现体育教学目标奠定坚实的基础。体育教师学习体育教学论，能够主动更新自身的教学思维，摆脱过去以自己为绝对主导的理念，为开展体育教学活动提供理论依据。在这个过程中，教师要注意学习的系统性与科学性。

体育教学论有利于提高教师教学能力，帮助教师在相应教学阶段，做到以学生学情和高校实际教学条件为参考，筛选合适的教学内容与方法及教学模式、教学评价，让教学活动的组织事半功倍。

体育教学论有利于提高教师教学理论水平。因此，体育教师应当树立正确的体育教学观，在科学体育教学论指导下把握并认清教学规律，在面对教学实践中的新问题时能从容应对，在理论中提高教学实践能力，在实践中提高理论水平。

第三节　体育教学与其他科学理论

一、体育教学与美育

(一) 美在体育教学中的表现

事实上，教学处处渗透着"美"，体育领域更是如此，其包括了广泛的美，具体表现在环境、内容、主体形态、过程等方面。

1. 教学环境的美

教学环境，指场地、器材设施选择与布局等教学外部条件。环境对人的影响自古以来就很重要，在体育教学中，周边环境对教学效果同样有着深远的影响。作为教学实施的必要条件，不同的教学环境带给学生的感受截然不同，优美、宜人的环境给人舒适、安宁感，让学生获得美的享受，进而激发学生学习主动性和积极性，有效提高教学质量。另外，优美的教学环境能帮助学生缓解心理压力及疲劳，能理解、应用运动技能，确保教育教学活动质量。

2. 教学内容的美

教学内容美是体育教学一项重要内容。一方面，教学内容在体育教学实践中，扮演着重要角色，是开展各项活动的依据；另一方面，教学内容涵盖了不少美的因素。

美在体育教学内容中表现尤为广泛，具体表现在以下两个层面。其一，不管是社会美、艺术美，还是自然美、科学美，都源于人类的知识文化体系；其二，在体育教学活动中，师生进行的"加工美"。不管哪一种形式，都表明美"无处不在"。体育教学的内容美不局限于外在的形式，还渗透到内在方面，如远大抱负、坚韧不拔的品质等。

3. 教学主体的形态美

教学主体包括教师、学生，他们的形态是指二者在体育教学实践中表现行为方式的总和，如师生的一言一行、一颦一笑等。形态美，指个体言行举止、语言、仪表所呈现的美。在体育教学实践中，教师与学生形态美是相互影响、相互作用的。因此，体育教师应当以身作则，维护自身良好形象，平等、真诚地对待每一位学生，让学生从心底信服。

4. 教学过程的美

美同样体现在体育教学过程中，一是体育教学实践下教师与学生进行的各种活动，呈现出创造性、丰富性特点；二是师生共同参与活动呈现出的各种美的享受。

综上所述，开展体育教学活动，应当将教师的独特性、学生的个性贯穿教学全过程，推动教育教学完整、有序。

(二) 美在体育教学中的作用

1. 让体育教学理论研究更深入

目前，国内外有关体育教学理论的研究很多，但主要集中于社会政治经济制度和生产力发展的视角，鲜有基于人的价值、人自身发展的角度来研究体育教学理论。事实上，体育教学不只是向学生传授运动知识与技能，更关键的是培养学生的内在品质，如积极乐观的人生态度、团结协作的精神、顽强拼搏的品格等，以提高学生包括审美情趣在内的综合素质。可以说，进行美的教育，意味着体育教学目标实现了一小半。

2. 重视学生的情感体验和个性陶冶

现行的体育教学活动更多地强调知识、技能的传授与思想道德的教育，但忽视了学生的情感鼓励和个性陶冶。作为一项双边教育教学活动，体育教学要求教师结合学生学情（生理、心理特征、年龄、运动基础等）开展富有个性的培育，为学生提供更多的情感体验机会，以提高教学的针对性。

3. 改善教学质量

美育在提高教学质量、增强高校办学实力方面有重要作用，具体表现在以下两方面。

其一，课前环节，教师需要精心设计教学流程，仔细钻研体育教材，挖掘教材中的美学资源，运用有效的教学手段，呈现给学生，让其从中获得感悟、启迪。

其二，在教育教学中，体育教师要尊重学生的主体地位，给予学生更多的自主时间，挖掘学生创造潜能，引导学生的创造性学习，实现体育理论知识、动作技能以及情感体验、价值理念、思想品德等方面的统一发展，塑造学生健全的人格与良好个性。

二、体育教学与德育

（一）体育教学与德育的关系

1. 体育教育是实现德育的重要途径

体育教学的出发点和落脚点在于增强学生体能素质，促进学生身心协调发展，将学生打造成德、智、体、美、劳全面发展的社会主义事业的建设者和接班人。由此可见，德育是体育教学的重要组成部分。在体育教学活动中，不管教师采取何种教学手段，都需要学生亲自参与身体练习，而德育思想便渗透在学生的练习过程中。此时进行适当的道德教育，学生乐于接受，有效提高了教学效果，确保教学目标顺利实现。

2.德育有利于提高体育教学质量

体育教学中蕴含丰富的德育内容，运用得当，往往能取得良好的效果，如陶冶学生情操、发展良好品性等。反之，道德教育也能促进体育教学事业的发展，提高教学效果。究其原因，当教师采取科学手段让学生意识到体育学习的重要后，学生学习体育的兴趣高涨，在日积月累的身体练习中逐渐养成了良好的运动习惯以及健康、文明的生活与行为方式。因此，在体育教学中抓住时机开展德育教育，有利于提高学生认知水平，让学生意识到学习的重要性，进而主动端正态度、努力学习，教学质量自然得到改善。

(二) 德育对体育教学的影响

1.促进学生的全面发展

在体育教学实践中实施德育教学，要求坚持理论与实践相统一的原则，不断提高学生认知水平，引导学生做到身体与心理、思想与行为的一致。在这个过程中，引入合适话题强化学生理想信念，完善学生道德人格，将知、情、意、行结合起来，在掌握体育知识与技能的同时，促进学生实践能力、道德思想水平、人际交往能力等素养的发展。

2.对社会带来积极的影响

知识经济时代下，社会对大学生的素质要求越来越高，且表现出复合型特征。因此，体育教学不仅要注重学生的体育知识与技能教育，还要通过挖掘体育教学内容的道德资源，引导大学生积极向上、拼搏进取，发展成健全的、完整的社会人。当大学生整体素质有所提升后，在改善社会风气、促进人与人、人与社会和谐方面都有积极作用。

三、体育教学与人的社会化

从社会生存发展的角度来看，个人作为社会中的一员，具有明显的社会化特征，且这一特征随着社会的发展，程度不断加深。所谓"社会化"，即一个"自然人"转变为"社会人"的过程。

(一) 体育教学是培养社会角色的有效方式

只要生活在社会当中，人就不可避免地要扮演各种角色，在这个过程中，人的"社会化"特征逐渐显现。同时，人们在社会中往往要学习不少与角色有关的内容，如权利与义务的学习、情感态度与价值观的学习、角色转变的学习等。而体育教学在培养学生的社会角色，加快学生的社会化进程中发挥着重要作用。

1. 学生在参与体育学习活动中扮演着多样化角色

在体育教学中，学生往往会扮演各种角色，如学习中是学生，体育比赛中是运动员或裁判，训练中是教练员……学生在体验这些角色的过程中，有助于增进对所扮演的各种角色的了解，习得相应角色技能、态度、情感，培养良好的社会习惯及心理习惯。

2. 教学方法的运用加深学生角色的体验

体育教学实践运用到的教学方法普遍涉及教师的示范、学生的模仿。体育课堂教学内容不论怎么变化，学生都可以采取模仿学习的方式，在这个过程中，能够体验在参与教学活动中扮演的各种角色，有助于增强自身的社会意识与集体意识，加深对社会角色和自我定位的认知，能够较好地理解自身的思维和行为方式，增强社会适应能力。

(二) 体育教学有利于促进学生良好人格的发展

一般来说，遗传和社会环境（学校、家庭、社会）是影响学生人格形成与发展的主要因素。开展体育教学活动，有助于帮助学生完善自我人格。因为体育学习具有明显的开放性特点，学生需要经常性的身体练习，时不时地需要转换空间、角色，在这样的条件下，师生之间、学生之间的联系十分频繁，有效的互动能够提高学生的学习效能。在这个过程中，学生拥有多重角色体验，有利于人格的完善。

综上所述，与其他学科教学相比，体育教学在激发学生学习积极性、主动性，磨炼顽强拼搏、勇往直前的精神品质，引导树立正确的世界观、人生观、价值观方面有着重要的作用。

第四节　体育教学的原则与方法

一、体育教学原则

在教育教学活动中，活动顺利地开展离不开遵循的一定原则，高校体育教学也不例外。

体育教学原则，指教师与学生在体育教学活动中，应遵守的基本要求，是长期教学实践归纳的宝贵经验。

(一) 专项教学原则

1. 基本依据

体育教学内容丰富、形式多样，不同的教学内容对学生的要求有所差异。所以，教师要根据体育教学内容特征，在遵循教学规律基础上安排教学活动，在增强学生体能素质的同时，提高运动专项水平。

2. 基本要求

在遵循专项教学原则下，体育教师要注重优先发展学生专门性知觉。一般来说，体育运动需要相应的体育设施和空间环境，像网球运动需要网球设施、网球场地等，学生对环境、器材的感知有利于发展专门性知觉，尤其是要掌握正确的握拍姿势以及手指、手腕对球拍的控制能力。此时，教师要优先发展学生对球拍的控制能力。

(二) 因材施教原则

1. 基本依据

学生作为教学主体之一，由于年龄相仿，在身心发展上有共性特点，也有自己的个性。共性表现为大学阶段发育的普遍性与稳定性；个性表现在性别、遗传、生长环境、认知能力等条件不同，使得学生具有个体差异性，身心发展以及所具备的体育运动能力等呈现明显区别。例如，有家长喜爱运动，学生从小在耳濡目染下对体育运动表现出浓厚的兴趣，加上经常参加运动和专项训练，进入大学后与一般学生的运动水平会截然不同。对此，体育教师要围绕学生的个体差异性，遵循因人而异的原则，为其选择相应的教学内容和负荷。

2. 基本要求

（1）引导学生正确对待个体差异。学生之间存在差异很正常，教师要做的就是合理利用这种差异，引导学生互帮互助，培养学生团队精神，发展协作能力。每一位学生的天赋以及对体育的理解各不相同，因此在教学中教师要做到因材施教，在全面了解每位学生基本情况的基础上，让学生对差异有一个正确的认识，不会因此自满或自卑。另外，教师不能将目光局限于基础好的学生，需要平等对待每一位学生，给予运动基础稍弱的学生更多的耐心和指导，以激发其对体育学习的兴趣。

（2）分析、了解学生之间的差异。首先，教师应当了解每一位学生的具体情况（运动基础、身心特点、兴趣爱好），这是开展差异化教学的前提。例如，在学期前利用座谈会或问卷调查的形式，了解学生与体育教学有关方面的差异。

其次，学生的个体差异处于动态变化中，如一些学生起初被认定为"运动基础偏弱"，但他们酷爱体育运动，在课堂能主动配合教师，经过一段时间的练习，运动水平有了长足的进步。因此，教师需要坚持发展性的原则，着眼于学生的长远发展，以便于发现不同学生不同的运动天赋。

（3）坚持学生个性差异与统一的结合。体育教学实践旨在增强全体学生的身体素质，促进学生德、智、体、美、劳全面发展。为此，在制定教学目标时，教师要考虑可操作性，确保目标能够满足大多数学生需求。学生的个体差异固然存在，但教师同样要立足于整个班级教学，统一要求学生，坚持统一性和差异性的结合，以实现体育教学促进学生身心协调发展的目标。

(三) 合理安排运动负荷原则

1. 基本依据

（1）人体发展基本规律。在体育教学实践中，运动技能的学习以身体练习为载体，此时学生需要承受相当的运动负荷。然而，根据体育运动规律，并非活动量越大越好，需要考虑学生的负荷上限，否则过载的运动负荷不仅不利于学生的身体健康，还会造成运动损伤；而运动负荷过小，又达不到良好的教学效果。这就需要考验教师的教学能力以及对学生情况的了解程度，运动负荷的安排要贯彻科学性、适当性的原则。

（2）不同学生生长发育特殊性。对于大学生而言，身体各方面机能逐渐成熟，但依然有一定的塑造空间。所以，体育教师在安排运动负荷时，不仅要考虑学生身体锻炼和对运动技能的需要，还要避免学生因运动超负荷出现损伤的情形，活动量的大小以学生身体负荷承受能力为依据。

2. 基本要求

（1）运动负荷安排与体育教学目标相符。从目标来看，体育教育旨在发展学生体能和心理健康素质，并非要求学生超越身体极限来突破自我，也不是要培养专业的运动员。以夺冠为目的的竞技运动训练方式并不适用常规学校的体育教学。所以，运动负荷的安排，要结合体育教学目标，以及学生的身体负荷能力。

（2）运动量的多少应服从学生身体需要。体育教育服务于学生身体发展，教师在安排运动负荷时要以学生身心发展情况（性别、生理与心理特点等）以及需要为依据，确保安排得科学、合理，以免因负荷过载使学生造成损害，要求对学生无伤害性。

（3）考虑学生之间共性与个性的关系。教师在安排负荷时，既要考虑学生个体差异，又要从班集体出发，寻找共性。一方面，立足于学生整体情况，鉴于学生年龄相仿，身体素质发展存在相似性，进行统一要求；另一方面，关注个别学生的特殊情况，如伤病学生、女生生理期等，应当减少或不安排运动量。

（4）安排运动量从增强学生自我控制运动负荷能力着手。高校体育教学以学生强身健体为主，但并不意味着可以忽视有关理论知识的传授。事实上，从某方面而言，理论教学有助于学生更好地理解运动技能，在练习过程更加科学、有效，在调动学生体育学习热情，坚持理论学习与身体实践统一方面有积极的作用。对此，体育教师需要注重学生运动理论知识的教学，增强学生判断运动负荷与自身需要是否相符的能力，以便学生在参与身体练习的过程中自主调节负荷，确保安全。

（5）注重合理休息。运动负荷安排还应考虑合理安排休息方式、休息时间，让学生身心得以舒缓，减轻心理负荷，能让体育教学效果事半功倍。

（四）全面发展原则

体育教学从增强学生身体素质入手，以促进学生身心和谐发展为目标，这对体育教师有了更高的要求。作为体育活动的组织者与实施者，体育教师不仅要具备体育健康知识与技能，还要对心理学、美学、社会学等方面的知识有所了解，将这些知识融会贯通，在教学实践中综合运用这些知识来促进学生的德、智、体、美、劳全面发展。

1. 基本依据

（1）社会主义体育教学目的需要。我国社会主义性质，决定了体育教学是为培养身心全面健康发展的社会主义建设者和接班人服务的。鉴于此，体育教学要注重学生身体和心理素质的"双修"。

（2）实现体育教学基本功能的需要。体育教学功能多元，如具有健身、教育、美育、休闲娱乐、促进个体的社会化等功能。开展体育教学实践，是实现这些功能、目标的有效路径之一。

（3）学生发展需要。进入新的历史阶段，学生的发展不再局限于身体素质，还体现在思想、智力、道德品质、审美情趣等素养。这是现代素质教育对学生全面发展提出的要求。

2. 基本要求

（1）体育教师应认真学习、领会体育教学大纲精神，贯彻落实大纲规定的要求及目标。

（2）体育教师应树立现代体育教学价值观，在此基础上评估教育教学效果，以实现教学的生物学价值以及心理学、教育学、美学价值。

（3）体育教师应精心设计教案，安排教学内容，选择适当的教学方法，同时给予学生充足的身体练习时间；合理安排负荷，关照每一位学生的练习活动，促进其身心发展。

（4）体育教学准备、实施、复习、评价等环节，不管是教学任务的制定、教学内容的选择，还是教学手段的运用，都应当以学生的身心发展、塑造健全人格为出发点和落脚点。

(五) 巩固提高原则

1. 基本依据

根据艾宾浩斯遗忘曲线，对于所学的知识与技能，如果没有经常性的复习，很容易遗忘。现代医学研究也证实，学生对所学运动技能反复练习，养成了良好运动习惯时，有助于生理机能与心理调适能力的改善，在促进身心协调方面效果良好。"温故而知新"等哲理警示我们需要及时复习、巩固所学知识与运动技能，确保练习效果。体育教学的大多数时间需要学生自主练习，当掌握的技能没能很好地练习时，就容易消退，这要求经常性地进行巩固、提高。

2. 基本要求

(1) 体育教学实践中，教师应当科学安排练习内容，要求学生反复、经常性练习，让所学知识与技能得到及时的消化。根据学生实际情况制订相应的训练计划，合理安排负荷，以便学生在日积月累的练习中，让身体素质、生理机能和运动能力上升一个台阶。

(2) 坚持由浅入深、循序渐进原则，让学生在完成一个又一个阶段性目标中获得成功的体验，以激发学习动力。

(3) 体育教学仅靠有限的课堂时间是远远不够的，还应当布置适当的课外体育练习内容，巩固所学知识与技能。

(4) 增加练习密度、动作重复次数，多次强化，以提高学生练习效果，提升运动水平。

(5) 注意选择合适的体育教学和训练方式，根据教学实际情况对教学内容、教学手段进行调整，以提高教学的针对性。

(六) 终身体育原则

1. 基本依据

体育教学的目标在于促进学生身心发展，为学生养成良好的运动习惯和终身体育意识奠定基础。教师在开展体育教学活动过程中，要有意识地培养学生体育学习的兴趣，让学生意识到体育锻炼的重要性，引导学生主动参与到体育运动当中，并让运动伴其一生。

2.基本要求

（1）树立终身体育思想。体育教师要结合学生的体育兴趣、运动特长等因素，善加引导，以激发学生体育热情，在富有一定挑战性、趣味性的项目运动中树立终身运动理念。

（2）坚持长期效益与短期效益相结合的原则。对于体育教师来讲，既要注重当前阶段运动技能的教学成果，还要立足学生身心的长远发展，将二者结合起来开展体育教学活动。

二、体育教学方法

(一) 语言教学法

语言教学法，指为追求一定的教学效果，教师在教学过程中，以语言作指导进行的教学方式。对于一名教师而言，正确、简明、形象地使用语言是一项重要的教学能力，便于学生理解所学知识与内容，掌握相应的技能，从而高效完成教学任务，实现教学目标。

语言教学法在体育教学实践中的应用，要求体育教师掌握良好的语言技巧，能够灵活运用讲解法、口头汇报、评价等教法，在运用的过程中，做到语言形象、生动、一针见血。

1.讲解法

讲解法，教师讲明相应动作要领、方法、规则要求等，以便学生成功掌握正确、规范的练习技巧，提高习练效果。作为一种教学活动常见的语言法，讲解法有以下几点需要注意。

（1）围绕教学目标、教学内容、学生实际情况，明确讲解目的。讲解时，教师要把控语速、语气，紧扣教学重点、难点，让学生明白哪些知识内容需要着重把握，提高讲解的针对性。

（2）注意讲解内容的正确性。在讲解动作原理等相关知识点时，确保讲解准确；根据学生学习能力、学习情况，采取相应的讲解方式，以便学生接受、理解和内化这些知识点。

（3）讲解要生动形象、简明扼要，加深学生对动作要领的理解。讲解时，最好能在新技术动作与学生所学内容之间建立联系，以降低理解难度。考虑到课堂教学时间有限，学生注意力很难保持长时间的集中，教师需要抓住重点内容进行简明的讲解。

（4）将知识体系与技术动作联系起来，通过生动、形象的讲解培养学生发散性、创造性思维，方便学生理解、运用各种知识点，做到触类旁通、举一反三，并学以致用。

（5）把握讲解时机，追求良好效果。讲解技术动作时，为了保证每一位学生能听到、看到要讲的内容，教师要选择一个合适的位置；注意讲解的语气、神情，以调动学生学习积极性为目标。

2. 口头汇报法

口头汇报法，即学生为满足自身学习需要，向教师主动汇报学习心得，相关教学内容、方式和练习中遇到的难点。教师听完学生自述后，要及时找出教学中存在的问题，并采取相应手段予以解决，自身的教学能力和专业素质在这个过程中也能有效提升。从学生的角度来看，口头汇报法有利于锻炼学生语言组织与表达能力；引发学生努力思考，增强对各种教学内容的理解。总之，口头汇报法是师生有效互动、提高教学质量的有效手段。

3. 口头评价法

作为一种语言教学法，口头评价法是结合学生动作完成情况和课堂表现（注意力是否集中，是否积极、主动），给予口头点评，以督促学生运动学习。口头评价有正向的肯定式评价，也有警示性评价。前者是对学生的正面鼓舞，以激发学生的学习热情，提高课堂教学效果；后者是对学生的否定评价，一般是指出其不足之处，且应努力的方向，提供相应的解决方式，此时应注意谈话的语气、口气的转换。

4. 口令与指示法

口令、指示是体育教学常用的一种语言教法，如"立正""稍息"等。口令往往很简洁，为学生进行相应技术操练提供指导作用。在使用口令的过程中，要把握好时机、节奏，保证动作习练的协调。发音要做到铿锵有力，不仅能让学生清晰听到，还要能激发学生兴趣，培养其自信心，让学生主动参与到身体练习和理论知识讲解中。

（二）直观教学法

直观教学法，指采取一定的直接方式作用于人体感觉器官，引发相应感知，以推动教学，具体包括动作示范、多媒体技术、条件引导、教具模型演示等。这种体育教学法能让学生更容易理解知识点和动作要领，使教学过程更加直观、明了。

1. 动作示范法

动作示范法，教师通过动作示范，帮助学生了解技术动作的形象、结构和要领。在此过程中，示范者既可以是教师，也可以是指定的优秀学生代表。在教学过程中，应从以下四个方面入手。

（1）带着教学目的进行动作示范。为让学生了解动作基本形象，动作可稍快；为让学生了解动作结构，以便练习，则动作要放慢；在示范重点和难点动作时，可多次示范。

（2）保证示范动作准确、标准，不能误导学生。教师应结合教学内容、技能特点以及学生运动基础进行动作示范，同时注意示范准确，要求能吸引学生注意力、调动学生情绪。

（3）动作示范确保每一位学生都能看见。为此，可让学生圆形站立，或错位站立，以避免后面的学生看不见。

（4）在示范过程中，搭配相应的讲解。示范和讲解的顺序应根据实际情况而定，怎么理解容易怎么来。

2. 条件诱导法

作为一种常见体育教学法，条件诱导法以某一条件为诱因，与相应动作联系起来，从而追求良好的教学效果。例如，借助音乐伴奏或喊节拍的方式，赋予动作节奏感；给予简单的言语提示，让学生流畅完成整套动作；设置相应视觉标志，引导学生把握动作方向、运动轨迹、幅度。

3. 多媒体技术法

使用多媒体技术法时，常借助投影、幻灯片、录像等形式，在这个过程中，应确保播放内容与体育教学目标相符，利用多媒体优势进行动作示范。事实上，现行高校体育教学中应用多媒体技术法的并不多见，原因在于体育教学具有开放性，个别项目器材运用不方便等。

4. 直观教具与模型演示法

高校体育教学实践中，一些高难度动作通常借助图表、模型、照片等工具展现，这些辅助教学工具直观、形象，有利于学生理解技术结构和动作形象。这种教学方法在一些战术性教学中十分常见。

(三) 完整与分解教学法

1. 完整教学法

完整教学法，指从动作开始到结束完整进行教学、练习的方法，常用于技术动作难度不高或无法分解的情况。体育教师在首个动作示范时，为了让学生从整体上感受动作技术形象，也会用到完整法。这种教学方法的优势在于，示范的动作优美协调、结构简单、方向路线变化小，动作之间的连贯性好；不足之处在于，并不适用复杂的动作教学。在应用完整法开展体育教学的过程中，为确保教学效果，要注意以下几点。

（1）讲解一些简单、便于掌握的动作时，教师可以先用完整法示范一遍，再要求学生直接进行动作练习。

（2）对于一些无法分解的动作也需要使用完整法。在这个过程中，应当综合分析各种因素，如动作用力大小、幅度、转变时机等；另外，不应拘泥于细节，要注意在整体上把控，让动作显得更加协调。

（3）对于一些难度较高的动作，应先降低难度或徒手完成相应动作，再逐渐提高难度。在降低难度时，要保证动作准确、没有漏洞。在具体教学过程中，在保证安全性前提下，可适当降低一些器材重量、高度、距离等方面的要求。

（4）运用完整法教学时，可通过改善外部环境条件来完成完整动作的练习，提高教学效果。

2. 分解教学法

分解教学法，指将完整动作分为若干部分，逐步让学生掌握完整动作技术的方法，一般适用于难度较高、动作可以分解的运动项目。这种教学方法的优点在于，将复杂动作分解为若干简单动作可以降低练习难度，利于学生掌握；不足之处在于，强调局部动作的分解，可能会让学生对整体理解不够全面。因此，在体育教学中，通常将完整教学法与分解教学法结合起来使用。运用分解法开展体育教学要注意以下三个方面。

（1）把握动作技术特征，应用恰当方式将动作分解，确保时间、空间等方面统一、有序。

（2）将完整技术动作分解时，把握好各个环节间、各动作结构间的有机联系。

（3）当熟练掌握各部分动作后，在动作间建立有效连接，确保部分到完整的过渡自然、流畅。

(四) 游戏与竞赛教学法

1. 游戏教学法

游戏教学法，指教师组织学生以游戏形式完成教学任务的方法。设计与教学内容有关的游戏环节，在学生中营造竞争、合作氛围，锻炼学生的分辨能力与逻辑思维能力，让学生在"游戏"的过程中掌握相应的知识与技能。游戏教学法富有趣味，对学生吸引力较强，能够充分激发学生的学习主动性，十分适用于体育教学活动。其在运用时要考虑以下三个内容。

（1）围绕教学目标、教学内容，选择适当的游戏规则，明确游戏要求，确保教学与游戏的衔接性。

（2）使用游戏法时，学生应遵守游戏规则。教师通过设计有趣、新颖的游戏调动学生的参与热情，让学生在游戏中获得启示和思考，将游戏与学习内容联系起来，提高学习效率。

（3）教师要及时对学生动作进行评价，坚持公平公正的原则，营造宽松、有竞争、有合作的融洽教学氛围。

2. 竞赛教学法

竞赛教学法，指以竞赛的形式开展教学活动，用以检验一段时间内的教学成果和学生技术水平。在体育教学中，竞赛法要求学生将所学技术动作应用于实践，在实践中总结经验、获得启示，认识到自身的不足，为后续的学习指明方向。这种教学方法，由于竞争性和对抗性较强，极大考验了学生的运动负荷。学生积极参与竞赛的过程，也是不断培养自身随机应变能力的过程，是心理素质和意志品格发展的过程，有利于学生人格的健全和良好个性的形成。运用竞赛法时要考虑以下情形。

（1）合理安排竞赛时间、形式，组织个人赛和团体赛时应确保竞争对手实力相当，实力过于悬殊的比赛并没有参考价值。

（2）开展竞赛活动之前，确保学生熟练掌握相应动作技术，同时避免给学生造成较大心理压力，以免其发挥不出应有水平。

(五) 预防与纠错教学法

预防与纠错教学法，旨在预防、纠正学生在练习过程中存在的错误动作。在动作练习过程中，学生难免会因为不够熟练、没有完全掌握技术要领而出现错误动作，此时教师需要耐心指出、细致引导，必要时再次进行动作示范，以帮助学生认识正确的动作。

预防与纠错之间是联系的有机整体。预防指教师对可能出现的错误动作进行引导，分析错误出现的可能原因，体现出超前性特征；纠错，即对学生错误动作采取有效措施予以纠正，并分析出错原因，具有针对性特点。这种教学方法可进一步细分如下。

1. 语言表述法

在讲解时，注重动作细节、描述要点，让学生清晰理解技术动作标准、结构顺序，从而建立正确的动作概念和意识。

2. 诱导练习法

诱导练习法旨在进一步提高学生动作的准确性，以完成教学任务和目标。例如，肩肘倒立，学生无法做到腰腹部挺直时，可以在垫子上方悬挂吊球，让学生脚尖触球，从而改善这一情况。

3. 限制练习法

指在学生习练有关技术动作时，设置相应限制条件，以提高动作准确性。例如，在射门练习时，为让学生射门动作更标准、协调，可以让学生在球场禁区练习射门，以掌握正确的射门方法。

4. 自我暗示法

自我暗示法，指学生在动作练习过程中有意识地暗示自己相应的要求，从而提高动作准确性的方法。例如，短跑练习中，暗示自己后腿充分蹬地；乒乓球练习时，暗示自己正确的握拍方式和站位；投篮练习中，暗示自己手指、手腕动作标准……

(六) 体育教学其他方法

事实上，随着教育教学改革步伐的加快，教学理念更新，一些教学方法逐渐被应用于体育教学当中。

1. 自主学习法

自主学习法，指在教学过程中，学生根据教师的引导，结合自身实际情况与学习需要，确立适合自己的学习目标，选择适当的学习内容，在独立分析、探索、实践、质疑、创造过程中提高学习水平、完善认知结构的方法，可促使教学目标的实现。这种教学方法尊重了学生的主体地位，有效激发了学生学习的积极性、主动性和创造性。

体育教学下的自主学习法，是指学生根据体育教师指导，围绕自身运动基础、兴趣爱好和身心发展需要，制定技术动作练习目标和内容，以完成体育教学任务要求的教学模式。该方法表现出明显的独立性、创造性、能动性特征，能够调动学生的体育学习热情，形成和发展体育自主学习能力，养成良好的运动习惯，提高体育教学效果。使用自主学习法开展体育教学活动，需要从实际出发，具体要结合以下两方面入手。

（1）学生围绕自身运动水平和体育理论基础，制定可行的学习目标，选择适当的学习内容，在体育教师指导下开展练习活动。

（2）学生根据自身实际，在学习目标指引下自我调控，根据学习中存在的问题及时调整学习方法、策略。

2. 合作学习法

合作学习法，指教学活动中，以小组为单位共同完成学习任务，学生在分工、协作中完成教学目标的方法。小组成员之间相互依赖、互帮互助，根据自身特长进行分工，一同攻克难题、完成学习目标。在体育教学中应用合作学习法的基本流程如下。

（1）班级学生根据教师指导分组。

（2）全体成员在教师指导下，围绕教学内容确定各小组教学目标。

（3）确定各组研究课题，成员之间明确分工。

（4）小组成员合作学习，根据教师给出的主题，协作完成任务要求。

（5）组员互动、交流，分享经验、心得。

（6）评价、总结学习过程，为下一阶段的学习奠定基础。

3. 发现式教学法

发现式教学法，指教师引导学生依靠自身思维，自主发现、探究、解决问题的方法。这种教学法立足于学生的好奇心、求知欲，以锻炼学生创造性思维为目标，以解决问题为中心，以机构化教材为内容，引导学生在发现、探究的过程中提高实践能力。体育教学应用发现式教学方法基本流程如下。

（1）提出问题，设置情境，学生在教师引导下探索。

（2）进行身体练习，初步掌握动作原理、方法。

（3）分组讨论，提出假设，再实践验证，就问题展开讨论，得出结论。

运用发现式教学法，注意以下四个方面。

（1）根据学生学情设置能激发学生探索欲的问题，从而调动其积极性。

（2）提出的问题要与学生现有运动基础相符。

（3）引导学生主动思考重点内容，找出问题解决方案，锻炼学生的创造性思维。

（4）贯彻由浅入深、由抽象到具体的原则。

第二章 高校体育教学的理念体系优化建设

经过多年的教育教学实践，我国高校体育教育得到了长足的发展，但距离素质教育的目标要求还有很长的一段路要走。对此，应当在立足我国国情的基础上，借鉴国外优秀体育教育理念和教学模式，加大对体育教学研究、创新的力度，做到高校体育教育与时俱进，实现为我国培养德智体美劳全面发展的社会主义建设者和接班人的宏伟目标。

第一节 现代体育教育新理念

与传统教育教学理念相比，现代教育理念强调人的全面发展与可持续发展，要求服务于人的发展需要，突出"以人为本"的原则。在这样的背景下，"健康第一""终身体育""以人为本"等教育理念应运而生，高校体育教学想要获得新生，必须彰显自身的先进性、时代性，在贯彻上述理念的基础上开展各项体育活动，促进体育教育事业的发展。

一、"健康第一"的教育理念

(一)"健康第一"教育思想树立的客观依据

1. "健康第一"教育思想符合世界发展潮流

20世纪中叶，世界卫生组织提出，判定一个人是否"健康"，要综合考虑其身体、心理和社会适应能力，只有这三方面都满足相应的要求，才达到"健康"的水平。自此，健康教育理念被迅速传播到世界各国，对学校教育教学产生了深远的影响。我国根据世界卫生组织关于"健康"的定义，提出"健康第一"的教育理念及思想。

20 世纪 90 年代，《学校卫生工作条例》发布并实施，为健康教育纳入学校教育体系提供了依据，在促进高校体育健康教育、开拓群众体育和学校体育领域、号召全民参与到体育健身当中有着积极的效果。20 世纪末，相关会议明确提出："良好素质是青少年建设祖国、为人民服务的前提，要求中小学及高等院校加快改革，将健康教育纳入学校体育教学工作体系。"

《全国普通高等学校体育与健康课程教学指导纲要（征求意见稿）》试行以来，各级各类高校纷纷加快体育教学改革步伐，积极响应"健康第一"教育理念，以培养学生健康体育理念、养成良好体育锻炼习惯为目标。《中共中央国务院关于深化教育改革全面推进素质教育的决定》出台，明确规定高校教育以"健康第一"为指导理念，注重增强学生身体素质。

综上所述，"健康第一"教育理念与现代社会发展需要、世界发展潮流相符，是未来高校体育教育教学必须贯彻落实的基本理念之一。

2. 健康教育思想顺应社会发展需要

在和平与发展的大潮下，世界各国进入迅速发展时期，尤其是新一轮科技革命的到来，推动人类进入信息时代。随着经济一体化程度的加深，世界各国的经济、科技、文化联系越发密切，彼此之间的竞争也更加激烈。我国想要在激烈的世界角逐中立于不败之地，需要不断增强自身的综合国力，需要大量具备丰富知识和卓越能力的高质量人才的共同努力，而这些杰出人才需要拥有一个健康的体魄。作为培养人才的主要阵地，高校教育应当注重学生的体能和心理健康发展，在"健康第一"教学理念指导下，开展丰富的体育教学活动，提升大学生的身体素质、心理素质和社会适应能力。

从高校学生现状来看，不少学生的营养状况不够理想，或多或少存在营养不良或肥胖等问题，这对提升学生的综合素养、加快社会主义现代化建设来说是不利的。对此，相关部门应与高校联合起来，促进体育教学改革，在总结前人经验、教训的基础上，完善体育教学工作体系，采取行之有效的方法来吸引大学生积极参与身体锻炼，从而实现身体素质、心理素养和社会适应性的发展。唯有引导大学生群体认识到身体健康和锻炼的重要性，提高他们锻炼的兴趣和主动性，这样培养出来的人才才能更好地满足新时代发展需要，促进我国社会主义事业繁荣发展。

(二) 健康教育主要目标

1. 调整体育教学内容，普及科学锻炼知识

提高学生体能水平、培养学生终身体育意识、帮助学生养成体育锻炼的良好习惯，是高校开展体育教学工作的出发点和落脚点。在体育教学实践中，对新生开展体质健康测试，在了解大学生身体素质状况的基础上，结合现有教学条件、学生体育兴趣爱好等，基于自愿的原则上，由学生选择喜爱的运动项目，练习相应的健身方法与技能，养成科学锻炼的习惯，让运动伴随自己一生，这对个人的自我发展以及社会发展都是极为有利的。

2. 完善体育与健康教育体系

体育学科涵盖的知识内容十分丰富，涉及体育人文学、运动人体学、健康教育学、心理学等多方面知识，体育教育呈现明显的科学性、人文性特征。高校开展体育教学实践，应从激发学生体育学习热情，提高其积极性、主动性方面入手，让学生在身体练习过程中感受运动的乐趣，体会锻炼带来的益处（身体和心理上的）。此外，体育教学需要增加关于身心健康发展的常识性内容，如预防艾滋、远离毒品、烟酒等，引导学生养成健康、文明的生活习惯和行为

方式，树立积极向上的心态。

3. 贯彻落实"健康第一"指导思想

随着社会分工的深化，时代发展对人才的要求越来越高，那些具备丰富知识和高智商的人，如果缺少一个健康的体魄和良好的社会交际能力是很难适应社会发展的。在这样的背景下，"健康第一"教育理念提出培养"身体健康、心理稳定、拼搏竞争、团结协作的新型高素质人才"的目标。自此，高校体育教学理念由单一的"增强体能"转变为"身体素质、心理素质、社会适应能力共同发展"，强调"健康"是第一位的。

4. 高校体育教学服务于学生体质健康

在"健康第一"指导理念下，高校体育教育教学强调学生身心的和谐发展，以及健全人格和良好个性的形成。在体育教学实践下，运动技术成为增强体能的途径。此外，学生还要了解相应的体育保健知识与方法，养成良好的锻炼习惯和健康的生活方式。

5. 服务于学生心理健康

心理健康是现代高校体育教学关注的重点。随着社会主义市场经济体制的深入，社会的竞争越加激烈，尤其对于大学生来说，面临着学业、就业、恋爱等各种问题，当问题积累到一定程度又无法解决时，很容易出现心理问题和心理障碍，甚至造成心理危机事件。鉴于此，高校体育教育要注重学生心理健康教育，通过灵活的组织形式，根据学生的运动基础、兴趣爱好等确立相应的教学内容，做到统一性和差异性结合，科学、全面地评价学生体育水平，这对引导大学生养成积极乐观心态有良好的推动作用。

6. 注重培养学生社会适应能力

高校体育教学具有特殊性，在技能训练、体育项目竞赛过程中，学生需要扮演多重角色，在协调学生之间的人际关系、培养学生集体精神及提高心理调适能力、社会责任感和遵纪守法意识等方面具有积极的作用。

综上所述，学校体育教学蕴含的育人资源十分丰富，需要体育教师深入挖掘，在秉持"健康第一"的指导理念下，制订教学计划、选择教学内容、运用灵活的教学手段，推动学生身心发展。

(三) 健康体育理念下体育教学实施路径

进入新的历史阶段，高校体育应当贯彻落实"健康第一"的指导理念，将其作为一切体育教学工作的出发点和落脚点，体育教师需要承担起应有的教学职责和时代使命，推动体育教学事业科学、规范发展。具体来说，可以从以下四方面入手。

1.增强体育教师教学能力、专业知识等各方面素质

在体育课程教学中，教师作为教学活动的直接组织者、实施者，其综合素质对教学效果有着直接影响。现代教学对体育教师提出了更高的要求，其不仅要具备良好的专业知识和技能，还应当拥有相应的科研探索能力。为此，体育教师要有扎实的体育基本功，掌握自然科学、人文等方面的内容；了解信息科学、生命科学、环境科学等知识，清楚体育学科人文价值以及学生身心素质发展内涵，在此基础上努力提升自身的综合能力。另外，随着终身教育理念的提出，体育教师自然需要贯彻这一教学思想，以满足社会对人才培养的需求；还要与其他教师、家长、学生积极互动，形成合力。

现代体育教学应当增强对教师教学能力的监管，如教学活动设计与决策能力、课堂组织与管理能力、评估学生知识与技能能力。体育教师要将教学与自身工作经验结合起来，在"健康第一"指导理念下开展各项体育教学活动，从实践中发现、探索、解决和总结问题，提升自己的体育科研能力。

2.体育、卫生、美育有机结合，形成保障机制

健康理念下的体育教学，不仅要求学生了解基本健身知识与相应技能，还

要掌握基本营养和卫生知识，兼顾身体锻炼与卫生保健。所以，体育教师需要有意识引导学生了解相关营养与卫生知识。经过多年的探索，我国高校在这些方面有了良好的成效，但并未建立起完善的保障机制。鉴于此，体育教师应当围绕学生身心成长规律，并与他们的实际生活联系起来，宣传健康、卫生的知识和方法，让学生意识到自我保护、预防疾病的重要性。

日常学习和教育要从学生身体发展需要和心理健康状况着手，提供内容丰富、形式新颖的运动项目，丰富学生体育文化生活，促进校园文化建设，营造和谐融洽、主动参与的体育学习氛围，让学生体育生活显得生机盎然。体育作为"健"与"美"的融合，活动中蕴含丰富美育资源，教师要把握好这一优势，充分展示体育之美，让学生在运动中感受成功的喜悦和乐趣，激发学生体育学习热情，养成良好运动习惯和终身体育意识。

3. 培养学生健康意识与行为，提高其参与体育锻炼的积极性

高校体育教学要立足于学生学情和自身实际条件，在教学目标指导下制定适宜本校学生身心成长的体育教学大纲，选择合适的教材，运用恰当的体育教学方法，组织学生参与到各种运动项目当中。在课堂练习环节，合理安排负荷，并考虑学生的差异性；在课外体育活动环节，增加指导，帮助学生消化课堂知识内容；以体育竞赛的形式调动学生体育学习积极性；在讲解中，适当增加营养学、环保学、心理学等方面的知识教育。

4. 培养学生健康知识与锻炼方法，养成良好习惯

大学生在参与体育锻炼的过程中，若具备相应的体育健康理论知识与方法，能够让学习效果事半功倍。在传统体育教学模式中，多数体育教师强调运动技术的养成，忽视了理论知识教育，容易让学生的锻炼产生盲目性。为此，加强学生理论知识的培养、传授显得尤为重要。总的来看，学校体育教学工作延伸到相关企业、设施健全的地方，可以为学生终身体育理念奠定基础。同时，根

据学生兴趣爱好、特长,由学生在一定范围自主选择运动项目,以激发其学习热情,使其在长期实践下养成良好的运动习惯。

综上所述,体育教学既要注重运动知识与技能的传授,也要让学生了解各种健康知识与健身方法。体育教师可以结合学生实际,选择喜闻乐见的运动项目,以培养学生学习积极性,让学生在日常训练中获得相关知识与技能,最终形成"终身体育"的思想理念。

二、"终身体育"教育理念

在高校体育教学中,"健康第一""终身体育"等理念扮演着重要的角色,二者相互交织、交互作用、协调推进。现如今,"终身体育"理念逐渐深入人心。对此,高校体育教师应以学生身体健康为导向,明确教学目标,精心设计教学方案,把握学校工作重点,引导学生树立"终身体育"理念,养成良好的体育锻炼习惯。

(一)"终身体育"概述

20世纪70年代,"终身体育"概念首次被提出,自20世纪90年代传入我国,对我国高校体育教学产生深远的影响。"终身体育"指人们在整个生命过程中进行的科学、有效的身体锻炼及受到的各种体育教育的总和,开始于人生命的诞生,结束于人生命的终止。这一理念从根本上改变了人们对体育教育以及身体锻炼的认识,体现了一种思辨性。作为贯穿人类一生的体育活动和与生命具有共同外延的、持续的体育教育过程,终身体育教育包括学前体育、学校体育、社会体育三个层面。高校体育作为学校体育的一个关键构成,在终身体育教育中扮演着重要的角色,意义深远。

现代社会经济的迅速发展,使得市场竞争越加激烈,对人才的要求也越来越高,这对高校人才培养模式提出了新的挑战。"终身体育"理念下培养的大学生，应具备良好的知识、理想、道德，以及健康的体魄、心理。现代医学已经证实，科学的体育锻炼能够改善人的身体机能，提高人的心理健康水平。此外，越来越多的人开始关注自身的健康问题，与高校健康体育观相呼应，推动了终身体育理念的贯彻、落实。

进入新时代，高校体育教学要紧紧围绕"终身体育"指导理念，以增强大学生身体素质、心理健康水平为导向，采取丰富的体育活动提升其生活质量，形成健康、文明的生活方式；引导大学生形成健康体育理念，积极主动参与体育锻炼，让运动伴随自己的一生。

(二) 终身体育培养

1. 培养学生终身体育意识

着重加强学生体育参与意识。现代心理学认为，行为以认识为前提，它的产生需要一定的兴趣和动机刺激。在高校体育教学中，体育教师需要引导学生端正自身的体育学习态度，使其对自己有一个清晰的定位，明确自己的体育学习目标，形成良好学习动力，调动体育学习的积极性、主动性。在这一过程中，要兼顾体育技能的培养与基础理论知识的学习，让学生用科学的理论知识指导自身练习，认识到体育锻炼的价值与意义，在潜移默化中形成终身体育意识。事实上，培养学生体育意识的过程，也是学生社会化的过程，体育教师可以将二者有机结合起来，以体育体系化、社会化为目标，营造全民健身氛围，实现终身体育价值目标。在教学实践中，教师帮助学生确立终身受益意识，结合学生实际对课内外活动提出要求，以健身为契机，将学生素质、技能、知识、能力融入终身体育的体系当中。

与此同时，应加强体育教师综合素质的培养，为学生形成、发展终身体育意识提供教育保障。对于体育教师而言，不仅要具备基础职业素养、渊博的专业知识，还要有先进的思想理念和积极向上的风貌。毋庸置疑的是，既有才能又有崇高人格魅力的教师更受学生欢迎，更容易获得敬重、理解和支持。开展丰富的体育活动，让学生意识到"终身体育"的重要意义，进而以一个更积极、开放的姿态参与到体育锻炼当中。

2.适时调整体育教学目标

"终身体育"反映了高校体育教学理念。随着社会形势不断变化，单一追求知识与技能的人已无法满足社会主义现代化建设需要，那些单纯追求学生身体机能改善的教育教学活动，也难以满足学生内在的自我发展需要。而高校体育教学融入"终身体育"理念后，焕发出新的生机与活力。作为学校体育教学的关键一环，高校贯彻落实"终身体育"理念，在锻炼学生体能、提高其心理健康水平方面具有显著效果，有助于学生身心和谐发展。

现如今，作为终身体育锻炼的有机构成，高校体育应当进一步强化育人目标，以终身体育为主线，在关注学生基本体育知识和技能形成的同时，帮助学生意识到终身体育锻炼的价值，培养学生终身体育能力。

3.锻炼学生思维能力

高校体育教学是一个锻炼学生发散思维、锻炼思维和创造思维能力的重要环节。在复杂多变的社会环境中，个体往往会进行多样化的思维活动。因此，在日常体育教学中，要注重培养学生单一思维和多样思维，做到触类旁通、学以致用。在这一过程中，注意将思维训练同技术、战术、心理训练等结合在一起，以确保体育教学效果，促进学生全面发展。

4.丰富体育教学内容

在过去很长一段时间内，高校体育教学内容受到传统教学模式的制约，局限于大纲范围，显得单一、枯燥，内容不够丰富、形式不够新颖。在这样的教学模式下，学生以被动接受为主，一定程度上打击了学生的学习积极性，久而久之，教学质量自然得不到改善。为此，各大高校纷纷启动改革步伐，提出让学生在有限的课堂生涯学习相关基础理论和基本技能，试图激发学生体育学习热情，促使其自觉进行体育锻炼，并贯彻到未来的职业生涯中，让终身体育与自身个人发展密切联系起来。

为丰富体育教学内容，高校体育课程从拓宽选修课范围入手，为学生提供丰富的体育教学内容。

（1）开设保龄球、溜冰等学生喜闻乐见的项目。

（2）开设篮球、足球、健美操等专项活动竞赛，赋予活动趣味性。

（3）在课堂结合季节特征安排耐久跑等内容，增加活动的灵活性。

（4）增加哑铃操、腹腰肌训练等内容，提高学生体能水平。

（5）让学生关注体育热点，了解体育竞技规则和裁判方面的知识，能够看得懂大型体育比赛的规则，并进行适当解说。

（6）鼓励学生自发组织各种体育项目比赛，以培养学生自我组织能力，增强其运动参与意识。

5.进行必要的检查、考核，激发学生体育运动主动性

考核是检测体育教学成果的重要途径，对高校体育教学的及时调整、改善有着指导作用。体育教师根据考核结果，能够了解这段时间以来学生的学习情况，然后针对教学中存在的问题，提出有效解决方案，有利于提升学生的参与性，确保体育教学质量。体育教学评价方式多种多样，需要教师灵活运用，考核项目与标准需要根据学生实际情况制定，保证一定的弹性。

从目的来看，体育教学考核能够让学生充分展示自身的体育技能，提高体能水平，调动体育锻炼的积极性，培养体育学习信心，在日积月累中养成良好的体育习惯。

6.培养学生的体育能力

增强学生体育能力是高校开展体育教育改革的一个重要目标。体育能力，

指学生适应体育科学活动能力与自身学习行为的心理调节能力，从而在体育锻炼中养成良好习惯，积极参与各项运动，提高自身的运动水平。从目前高校体育教学现状来看，应注重培养学生以下三种能力。

（1）自觉锻炼能力。学生能熟练运用所学体育知识、技能，增强锻炼的自主性，养成终身锻炼的习惯。

（2）自我评价、自我管理、自我监督能力。学生对自身体能素质有一个清晰的定位，能自觉调整体育锻炼计划来满足自身的发展需要。

（3）适应自然环境、社会环境的能力。增强学生对疾病的抵抗力，提高免疫力，强化其各方面的适应能力，使运动水平上升一个台阶。

7. 完善设施设备条件，丰富课外体育活动

"巧妇难为无米之炊"，一定的场地、设施、设备，是进行体育锻炼的物质保障，鉴于此，高校需要加强体育器材和场地管理制度建设，确立体育场地、器材配备标准，为学生进行体育锻炼提供必要支持。此外，可借助广播、校刊、校园网等传媒工具，以体育知识讲座、运动比赛等形式，宣传体育健康基本知识、国内外重大体育赛事，以激发广大学生对体育的兴趣，吸引他们主动参与到各种运动项目当中。

总之，为了引导大学生树立终身体育意识，在注重课堂教学的同时，还要利用丰富的课外体育活动，将课内与课外结合起来，营造浓厚的体育氛围。

三、"以人为本"教育理念

(一)"以人为本"概述

"以人为本"中的"人"，是个体，也是群体；有自然属性，也有社会属性。这一教育理念对我国的体育教育同样有着重要指导作用。因此，高校开展体育教学，要贯彻"以人为本"的科学发展观，落实科教兴国战略和人才强国战略，

想方设法满足人民对教育文化的多元化、个性化需求。

在我国,"以人为本"最早可追溯到古代商周时期,那时的先辈提出"民本"思想,强调国家生存、发展的根基在于人民。进入春秋时期,儒家主张"仁者爱人"的思想,战国时期管仲提出"以人为本"的治世主张,孟子倡导"以民为国"的思想。这些先辈的主张与当今的"以人为本"的思想既相互区别,又相互联系。由于所处的时代不同,其本质内涵有一定的差别。

西方"以人为本"的理念可追溯到古希腊时期,正式形成于文艺复兴时期。19世纪初,德国哲学家费尔巴哈首次提出"人本主义"观念。进入现代,一些人本主义哲学家,利用非理性方法,完善了人本主义体系。在人本主义思想影响下,西方教育在目标、理念、内容、方式等方面发生了巨大变化,直接促成了现代体育教育的出现。

我国现行的教育理念,以马克思主义与人的全面发展理论为基础,在结合我国国情前提下,形成了科学、系统的以人为本的教育价值取向,这对我国教育事业发展、中华民族伟大复兴有着深远影响。

(二) 以人为本教育理念的贯彻

当今国际竞争,实质上是人才的竞争。为此,我国要坚定实施科教兴国战略和人才强国战略,进一步深化改革措施,为人的自由、全面发展创造有利条件。作为培养高质量人才的摇篮,高校应当贯彻落实科学人才发展观,在体育教学中融入以人为本的教育价值理念,使培养出来的人才更好地顺应时代发展需要。因此,坚持以人为本教育思想对高校体育教学发展、培养德智体美劳全面发展的人才有着积极的作用。

1. 以学生为中心

高校教育应当树立以学生为中心的教学理念,加大人力、财力投入,充实教学资源,为开展人才培养提供有力支撑,营造软硬件相对充足的体育学习环境。具体应从以下四方面入手。

（1）对每一位学生负责，为满足学生学习发展需要提供必要的教学资源。

（2）承认学生个体差异，尊重学生个性发展。

（3）完善培养机制，打造科学体育课程体系。

（4）转变教学理念和教学方式，增强课堂教学感染力、表现力，充分调动学生学习主动性。

总而言之，高校教育要以学生为本，关注学生的个人发展，一切教学工作的出发点和落脚点都要服务于学生的学习、成长。

2. 以教师为本

教师是高校体育教学活动的组织者、实施者，可以说，没有优秀的教师队伍，体育教学就无从谈起。因此，高校体育教学要以教师为本，为体育教师提供宽松的工作环境和良好的工作氛围。定期测评教师工作，确保教师对学生学习情况有一个全面的了解，为教学策略的调整提供依据。在对教师的管理中，不宜过分追求防范、强制，要体现人性化，做到尊重、信任教师，给予教师充足的教学自主权，为其展示才能提供广阔平台。

改革开放40多年来，我国高等教育得到长足发展，这要求体育教育同样顺应时代潮流，更新教学理念，树立起科学、合理、人性化的教育观念，以承担起培养社会主义现代化建设者与接班人的重任。换言之，高校体育教学应当贯彻"以人为本"的科学发展观，在终身体育教育理念指导下，引导学生进行体育锻炼，帮助他们养成良好的运动习惯，实现身心健康发展。

（三）以人为本教育理念对高校体育改革的启示

1. 重新定位学校体育价值

现代体育教学蕴含丰富的人文内涵，这与弘扬人文精神的时代潮流是一致的。"育人"为高校开展一切教学工作的基点，而在过去很长一段时间内，高校体育将目光局限于"强身健体",忽视了体育教学的"育人"功效。此外,后现代社会的发展,催生了"实用主义"思潮,给高校体育带来不小的影响。对此,高校应当重新定位体育教学价值,强调对学生情感、个性的培养,以促进学生的全面发展。

增强学生的体能素质是高校体育教学一个基础性目标,但并不唯一,还需要在此基础上挖掘其人文内涵,构建多元体育教学价值体系,助力学生的身心成长。

2.重构学校体育目标

从高校体育教学现状,并结合制约高校体育教学发展的各种因素来看,高校体育实践不应局限于技术教育、体制教育,还要突破过去单纯强调学生技能水平的提升,转变为注重学生综合素养的发展。这一教学目标的转变,是"以人为本"理念在高校体育改革中的实践。

3.重新调整学校体育课程内容

我国体育课程随着社会的发展而呈现动态变化,但就目前而言,它并不能很好地与体育教学工作相契合。而在"以人为本"理念下的高校体育教学,要求对体育课程内容进行调整,立足于学校实际条件和学生实际情况建立起科学、行之有效的课程内容体系,具体表现如下。

(1)趣味性。以丰富、有趣的活动项目,激发学生体育学习的热情,调动学生参与体育活动的能动性。

(2)创新性。课程内容应当考虑学生的创造性和思维发散。

(3)适用性。在设置课程内容时,将内容与学生生活实际联系起来,引导学生树立终身体育意识。

(4)普及性。对于一些竞技体育项目中不适合大学生的技术要领、规则、器材设施等进行改造,使其与大学生身心发展需要相符,从而更好地普及、宣传基础体育知识与技能。

4.重新认识高校体育教学

"以人为本"的高校体育教育理念,催生了不少新的教学观念——快乐体育、成功体育、终身体育……这些新型体育教学观念有一定的共性,即强调学生个性的发展、创新精神的塑造和增强学生学习体育的自觉性。随着体育教学改革的深入,在高校教育领域出现了一些新的教学模式,如情景式、快乐式、创造式、发现式……当下,如何将学生被动接受转变为主动学习、为学生带来良好情感体验以及促进其个性发展等成为新时代下高校体育教学亟须解决的课题。

"以人为本"理念与高校体育教学的融合,使得体育知识与技能的学习对于广大学生而言不再是一种负担,而是自我发展、弘扬个性、获得良好情感体验的需要。在全球一体化大环境下,各种思潮碰撞、融合,使得体育教育理念呈现多元发展趋势。对此,高校要把握机遇,不断更新教育教学理念,构建科学体育教学体系,让体育教学更好地服务于学生的全面发展,培养一批有一副强健体魄和良好专业素养的社会主义现代化建设者和接班人。

第二节 体育教学的人文主义探索

人文主义思想对我国高校体育教育产生了重要的影响,探索体育教学领域的人文主义内涵,为各高校体育教学走出当前发展困境、走上可持续发展道路提供了有力的支撑。

一、人文主义解析

(一)人文概念

"人文"即人类社会中各种文化现象,尤其指优秀的、先进的、科学的、健康的部分。

文化指人类在社会生产生活实践中形成的一定的价值观、信息符号、道德和行为规范。其中，价值观在人类文化中处于核心位置，对其他方面的形成、发展有直接的影响。作为文化的载体，信息符号使人们得以交流、沟通，促进了文化的继承、发展。道德和行为规范作为人类文化的重要组成部分，对人们的生活和行为方式有一定的约束、规范作用。不同的历史阶段，人类文化呈现出不同的特质，如文艺复兴时期表现为人们高度重视人文。

作为人类文化的灵魂，人文指价值观念、行为规范方面的内容，体现了尊重、重视、关爱他人等先进、科学的内涵。

（二）人文分类

人文内涵丰富，有着不同的类别，具体如表2-1所示。

表2-1 人文分类

类别	内容
教育	科学、素质、学术
历史	中国、外国、世界
文化	文学
艺术	美术、音乐、电影、神话
社会	人权、政治、经济、法律、军事
美学	跨学科（艺术、伦理、心理、哲学、文学）
哲学	宗教、思想
国学	诸子百家、易学

（三）人文主义精神

关于人文主义精神，由于国内学界对其认识不够深刻，就其内涵方面并未形成一致看法。一种观点认为，人文是哲学、伦理、艺术、文学、历史构建的世界思想文化领域，人文精神则是其中反映的最高级意义的价值理念、行为准则。学者王汉华在《"人文精神"解读》中,认为人文精神内涵包括以下五层含义。

(1) 科学上,人文精神是对科学、真理、知识的追求。

(2) 道德上,人文精神是对道德信念、行为、人格、修养的强调。

(3) 价值上,人文精神呼吁自由、正义、平等。

(4) 人文主义方面,人文精神尊重人、关注人,突出人的主体性。

(5) 从终极关怀视角出发,人文精神是对生死、生存、幸福、社会终极价值等问题的反思。

二、人文主义思想对体育教学的影响

(一) 更新传统体育教学理念

随着人文主义思潮与体育教学领域的融合,涌现了一些新的教学概念,如"课程目标""学习领域目标",这使得教学目标也有了若干层次的划分,不仅有"身体健康""运动技能"等基础性目标,还出现了一些新的目标,如"心理健康""社会适应"等。

社会发展进入新的历史时期,生产生活商业化特征明显,实用主义思潮兴起,关于"人文教育"和"科学教育"的争论始终在国内高校教育界进行着。在过去很长一段时间内,高校体育教学以科学主义为主导,强调"科学至上"的原则,一定程度上忽视学生的主体性,使得人文精神在体育教学中缺失,阻碍着高校体育教学改革的深入。

直到新课程改革,课程教学中的人文主义精神逐渐回归,过去僵化的教学观念、教学模式被打破,开展的各种体育活动呈现出明显的人文性特征。在体育教学实践中,课堂教学从传统的"教师示范,学生模仿、练习"转变为"教师引导,学生主动参与",这一转型活跃了课堂氛围,营造出一种融洽、和谐、宽松的学习环境，学生得以获得良好的情感体验，学习效率明显提升，在知识与技能、情感与价值观方面有了新的发展。

(二) 完善课程体系

课程体系作为体育教学改革的一个重要方向，直接影响着改革的成效，在丰富教学内容，满足学生个性化、多元化学习需要方面扮演着重要的角色。从目前高校体育教学现状来看，在教学课程设置过程中存在一些不合理的地方。例如，为了追赶教学进度，体育教学时间往往被其他学科占用，一方面，学生承受着较重的学业负担；另一方面，由于体育课被挤占，学生心理压力得不到较好的宣泄，从而形成恶性循环，不利于学生身心发展。

而随着高校体育教学领域引入人文主义思想，一些问题得到了妥善的解决，一个很明显的转变在于，高校在设置体育课程时开始更多地考虑学生的兴趣爱好、运动基础和身心特点，在教学实践中逐渐突出学生的主体地位，使学生成为学习的主人。在设计教学内容与课程体系时，强调学生的个性发展，考虑到学生的差异性（如性别），能结合学生实际情况安排丰富、灵活的教学内容，且由学生自主选择。在这个过程中，体育教师在遵循学生身心发展规律的基础上，采取有效手段激发学生参与热情，推动教学活动高效开展。

(三) 优化体育教学方法

随着体育教学改革的深入，教学方法的优化被提上日程。人文主义下的高校体育教学，在形式、内容、手段等方面进行了一系列调整，提升了广大学生的人文素养，有助于学生良好个性、健全人格的形成。学生作为人文体育教学主体之一，在品德、智能、体能、美育、实践能力等方面得到长足进步，与新时代素质教育的要求相符。

体育教学与人文主义精神的融合，让教学方法更加人性化、灵活化，建构的多元体育教学手段让学生在参与体育教学活动的过程中体会到真正的乐趣，感受到运动的魅力所在，有利于其终身体育思想的形成。

此外，高校纷纷加大在体育教学中的资金投入，运动场馆、器材等设施得到完善，为学生的体育锻炼创造了有利条件。完善的运动设施设备能够激发学生体育运动的热情，方便学生开展各种体育活动，从而引导学生在运动中理解人文主义精神内涵。

(四) 构建科学体育教学评价体系

人文主义思想促进了体育教学评价体系的建立健全。人文体育教学评价强调评价的多元化，要求做到全面、客观、公正，不仅包括对学生各个方面的评价，还包括对教师教学的评价。评价者遵循"差异化"原则，根据教师、学生实际情况分别进行评价。

教师在评价学生学习成果时，由以往的终结性评价转变为过程性、形成性评价，坚持量化分析与定性分析相结合，对学生作出全面、客观、真实的评价，让学生对自己有一个清晰的定位，激励学生发扬长处、弥补短板，形成良性循环，促进学生全面发展。

在教学评价过程中，评价内容不再局限于学生知识与技能的掌握情况，还要考虑学生其他方面的素养，如创新能力、学习态度、情感价值观、意志力等。高校体育教学要注重教学评价的科学性、可行性，评价时要彰显足够的人文关怀，以便构建完善的评价机制。如在每堂课完成后，体育教师需要清晰了解每位学生的出勤状况、隐性情感表现，进行客观记录、评价，仔细观察学生的学习过程，分析其学习态度和进步情况，将学生情感态度作为一项重要的参考，从而确保评价公平、公正、合理。

(五) 促进校园人文环境建设

高校体育教学要确保教学质量和学生学习效率，一个良好的教学环境是必需的。对此，高校应当加大相关投入，进一步强化校园人文环境建设，为学生提供一个优良的学习空间。

校园人文环境建设，不仅包括体育场馆、运动器材等硬件建设，还表现为营造一个吸引学生积极参与体育运动的体育文化氛围。体育运动文化建设是一个系统的工程，使学生在长期教学实践中潜移默化地受到熏陶、感染，在获得良好情感体验的同时理解、认可校园体育文化，并主动加入丰富的体育活动当中，不断提升自身的人文素养。

(六) 打造一支高素质体育教师队伍

体育教师作为体育教学活动的一个关键要素，其教学能力、道德人格等对学生的学习和情感体验有着深远的影响，在提高教学质量、发挥教学中的人文关怀方面扮演着重要角色。因此，新时代高校体育教师必须具备良好的人文素质，这是培养具有人文主义精神学生的前提，教师的形象、知识基础、专业素养、人格魅力等对学生而言具有"示范"或"榜样"作用，要发挥其良好的榜样力量，就需要注重教师专业素质和人文修养的培育。通过打造一支专业素养和人文精神兼具的高质量体育教师队伍，为顺利开展体育教学活动，引导学生自主发现、思考和探究奠定基础。

综上所述，人文主义思潮深刻地影响着高校体育教学的各个环节。"实践出真知"，要构建一套科学、可行的体育教学课程体系，体育教育工作者首先要转变教学观念，树立以人为本的大体育观，在体育教学中融入人文关怀，给学生带来"润物细无声"的影响。

第三节　体育教学中新教育技术的应用

大数据、云计算等新一轮信息技术革命的开展，推动了现代教育的信息化、网络化步伐。新型教学技术在高校体育教学中的应用，给教学实践的各个方面带来了巨大变化。

一、现代教育技术概述

教育技术，指有关学习过程中，对有关学习资源的设计，开发，利用，管理和评价的理论与实践。教育技术发展大体经历了以下三个阶段。

(1) 传统技术阶段。语言、黑板、粉笔、文字……

(2) 媒体技术阶段。无线电、电视、语言实验室……

(3) 信息技术阶段。依托计算机、网络通信技术的多媒体。

(一) 现代教育技术特征

1. 以现代媒体为依托

在高校体育教学实践中，现代教育技术，尤其是现代媒体技术扮演着重要的角色。体育教学领域网络信息技术的成熟以及广泛应用，冲击着传统的体育教学模式，教师的"教"与学生的"学"逐渐发生深刻变化，教学方式、目标、内容等被赋予新的内涵。

2. 是一种系统技术

现代教育以系统论为科学理论基础，这决定着教学方法的系统性，它运用系统的方法解决生活实际中遇到的各种问题。作为教育系统的重要内容，现代体育教学技术在与其他教育子系统的协调、配合下，共同构成一个完整的有机体，发挥着教育系统"1+1＞2"的作用。

3. 具有实践精神

现代教育技术实践性较强，这与传统教育技术的经验性特点明显不同。它更强调教学的理性、科学性，更方便教育工作的操作。另外，随着网络信息技术的进一步发展，教育技术的可复制性、度量性、可行性等特点越加明显，为开展教育教学实践提供了有力的技术支撑。

4. 促进教学最优化

现代信息技术与教育教学的融合，旨在优化教学过程，提高教学质量。作为一门系统技术，现代教育技术有利于提高教学资源的配置效率，在设计、控制、决策等教学过程中发挥着重要作用。

（二）现代教育技术作用

1. 调动学生体育学习热情

从教育心理学视角出发，兴趣能够极大激发个体的学习动机，是最真实、最活跃的因子。当个体充满兴趣地看待事物时，其理解速度更快，准确性更高，所学知识更牢固。作为一种新兴事物，现代信息技术对学生而言有一定的新鲜感，在体育教学中借助现代技术手段，能激发学生的好奇心、求知欲，进而调动学生的学习热情。例如，讲解篮球基础配合时，依托现代信息技术，具体、直观地展示篮球基础配合动作要点、动作方法、移动线路，能让学生建立正确的动作概念，更好地理解、掌握这项技能。

2. 提高学生学习效率

在过去的体育教学中，讲解抽象知识时以语言描述为主，即便使用了挂图、模型等直观手段，也收效甚微，一方面是因为抽象知识理解难度大，另一方面则是因为其动作复杂，仅靠语言或模型并不能完整地将其要领展现给学生。而现代体育教学利用信息技术课件，通过二维、三维等空间设计，可以将教学难点、重点全方位展现出来，让复杂的动作变得生动、直观，有助于学生的理解、运用，大大提高了教学效率。

例如，在前滚翻教学中，通过慢放有关课件，让学生认识一些常见错误动作的原因、过程，了解到运用哪些方法能在实际练习中避免类似错误，提高学习效果。

3. 帮助学生建立清晰动作表象

学生想要掌握一项运动技能，首先要在脑海建立清晰的动作表象，这主要依靠教师的讲解、示范等。但是在教学实践中，一些技术动作仅靠语言和示范难以具体描述，如身体腾空后的技术细节，讲解、示范困难，教学效果往往不理想。而借助相应课件演示，这些问题便可迎刃而解，有助于学生理解动作细节，建立起清晰的动作表象。

例如，鱼跃前滚翻动作教学中，有一个腾空的过程，教师示范动作完整、连贯，想要在空中停留是不可能的。由于这种示范无法给初学者留下一个清晰的感知，学生学习起来十分困难。此时，通过展示相关课件，对空中动作进行慢放，可让学生了解腾空时的动作细节，进而建立清晰的前滚翻动作表象，为接下来的练习做好准备。

综上所述，利用网络信息技术手段辅助体育教学，化抽象为具体、化间接为直观，降低了学生学习难度，能更快、更好地完成学习任务。

4. 统一、规范技术动作

体育教材往往涉及若干运动项目，如各种球类、体操、田径、舞蹈等，内容繁杂，加上新规则、新教材大量涌现，给高校体育教师带来不小的压力。体育教学一个基础性目标，在于帮助学生掌握一定的运动知识与技能，并融会贯通、学以致用，提高自身的运动水平、增强身体素质。对于体育教师而言，要上好体育课，需要在示范环节做到准确无误，协助学生建立正确的技术动作概念，这要求教师完整掌握技术动作要领，但从目前体育教师队伍现状来看，还有相当一部分教师做不到这一点。为了解决示范问题，可以运用现代网络视听媒体，将世界一流运动员的规范技术视频展示给学生，让学生在观摩中体会动作要领，把握动作细节，更好地掌握这项技能。

5. 注重学生健康教育

让学生掌握体育锻炼方法、养成良好的体育习惯和树立终身体育意识，是高校体育教学的重要目标，也为学生日后走出校园、走进社会做好充分准备。所以，体育教师不仅要传授相应的运动知识与技能，还要让学生了解一些健身原理、健身方法等。但是学校体育教学时间有限，教师不可能将所有健康知识放在课堂上讲述，为了进一步提升学生体育知识储备，寻求网络帮助是一条有效的路径。例如，教师在课堂上设置一些与学生实际生活密切联系的问题，再由学生借助网络寻求答案。此外，学生在体育锻炼过程中遇到无法解决的问题时，除了找教师指导之外，同样可以寻求网络的帮助。在这个过程中，学生自主发现、独立思考和解决实际问题的能力都能得到有效提升。

6. 促进现代体育教学管理

校运动会是各级各类高校丰富学生体育文化的一种普遍做法，但校运动会的编排、准备工作对体育教师而言无疑是一项庞杂的工作，为了减轻教师的负担，让教师将更多精力放在提升学生综合素养上，可以借助计算机自主进行运动会编排。例如，在每年体育达标、期末考试的成绩换算、统计时，可以利用Access制作学校体育教学系统，并划分为教研组管理、备课系统、体育课成绩管理、器材管理等若干模块。要查询某学生体育达标成绩，只需输入体育单项成绩，该学生的分数、总分、是否达标等指标将自动计算生成，这对于体育教师而言，大大提高了其工作效率。

二、体育教学中应用新教育技术的注意事项

(一) 正确看待现代教育技术引起的思想变革

1. 正确看待技术作用

科技是一把双刃剑，在推动社会发展、便捷人们生产生活方式的同时，也不可避免地带来了一些负面影响。科技固然便利了教育教学，但不能本末倒置地极端看待技术的作用。技术是社会生产力发展的驱动力，在推进人类文明的

进程中发挥着举足轻重的作用。然而，技术仅仅是某一文化、精神和文明的载体，它不能取而代之。现代信息技术辅助体育教学的方式，要真正地发挥作用，需要体育教师具备良好的专业素养，只有这样才能正确运用各种技术手段将复杂的技能动作简单化、直观化。在高校体育教学实践中，学生的全面发展仅依靠技术手段是无法实现的，需要在师生之间、学生之间的有效互动过程中实现。

2. 辩证看待体育教学技术功能

现代信息技术在教育教学领域的广泛应用，推动着教育的现代化、信息化，与此同时，也引起了一些人的质疑，甚至有人认为教学技术"弊大于利"。在一些体育教师看来，现代体育教学技术会淡化师生之间的关系，给学生社会群体性带来一定负面作用。对此，作为教书育人的主体，教师要辩证看待现代体育教学技术的作用，要在充分发挥教学技术优势的同时，认识到技术的不足和缺陷，并采取有效手段以尽可能避免这种缺陷。

（二）应用现代教育技术实施路径

在体育教学快速发展、现代信息技术与体育教学深度融合的背景下，教师作为个体，能力有限，在满足学生多样化、个性化学习需要方面难免力不从心。对此，一方面，教师要进一步提高自身的专业素养和教学能力；另一方面，可运用先进技术手段辅助教学实践，以此减轻工作上的负担，提高体育教学效果，促进学生全方位进步。

从我国高校体育教学现状来看，大多数高校体育教学技术水平制约着体育教学事业的可持续发展。对此，高校应当立足国情和自身校情，加大对教学技术的投入，促进技术手段在教学中的应用，完善现代体育教育技术体系，为实现体育教学现代化奠定坚实的基础。

1. 结合学生实际情况运用现代技术开展体育

在体育教学实践中，围绕学生身心特点，在遵循认知规律和教学规律的基础上，精心设计教学活动，选择适当的教学内容，运用灵活、多元的教学手段，充分激发学生学习主动性，提高教学效果。在选择、应用现代信息技术时，应结合教学需要、教学目标，考虑课堂效果、学生学习效果等因素，分析现代信息技术类型及应用的最佳时机，同时注重自身的讲解，引导学生充分理解技术动作。在科技日新月异、知识更新速度越来越快的背景下，体育教师要与时俱进，不断更新自身的教学理念和知识，提高自身业务水平。

2. 把控教育技术教学与传统教学授课比例

教学实践表明，在体育教学中应用现代信息技术效果显著。但体育教学的开放性特点，使得技术手段在体育教学实践中只能扮演"辅助者"的角色，这就需要合理把握现代教育技术教学与传统教学之间的比例。事实上，现代信息技术教学手段的运用依托相应的技术平台，大多需要在室内进行，但体育教学大多数授课时间在室外。所以，固然教育技术教学在体育教学中发挥着重要作用，但在运用过程中受学科特点的制约，需要服从技能课和理论课，不可本末倒置。

3. 运用现代心理技术开展体育教学实践

在运用现代信息技术手段开展教学活动时，教师需要结合教学内容合理安排技术教学，尤其是在课前环节，要做好充足准备。

现代信息技术教学要求体育教师不仅具备良好的专业知识与技能，还应了解课件制作、课件功能等，把握好使用的时机。无论教学手段如何新颖，教师仍然是体育教学活动的主体，课堂教学始终以讲解为核心。不管是传统教学手段还是现代教学手段，都有各自的优势和不足，教师要将二者的优势互补，以充分发挥教学作用。在使用课件向学生展示标准示范动作时，还要与学生保持积极互动，不能顾此失彼，"捡了芝麻丢了西瓜"。

第三章 高校体育教学的内容体系优化建设

教学内容作为体育教学的重要组成部分，是开展体育教学活动的载体，为教师与学生之间的互动搭建桥梁。毫不夸张地说，缺少教学内容，体育教学实践就无从下手。教学内容运用不够科学，会直接影响体育教学效能，体育教学任务和教学目标也将无法实现。因此，教学内容在体育教学中扮演着重要角色。本章立足于高校体育教学内容，着重介绍其基本知识，内容的选择、加工与开发、体系建设，以及创新、发展等方面内容，为建立科学的高校体育教学内容体系、推动教育事业可持续发展奠定理论基础。

第一节 体育教学内容的基本知识

一、高校体育教学内容概念与特征

(一) 体育教学内容概念

体育教学内容，指在体育教学实践中对体育知识、技能体系等的选择、运用，是体育教学中的内容载体，直接关系到教学目标能否实现。教师要将书面知识内化为学生的知识积累和运动技能，需要在体育教学目标指导下，运用科学、有效的教学手段，通过合适的组织形式，将教学内容置于良好的教学环境下转化，以加深学生对学习内容的理解、应用。体育教学内容，一般包含以下四层含义。

（1）是教学获得的依据和素材。在体育教育过程中，教师需要围绕体育教学目标，结合自身教学理念和实践经验，以及对体育教学实践的理解，从诸多有关体育教学资料中选择合适的、能够实现人才培养目标的教学内容，这个选择过程是综合反映体育教师理论知识和实践教学能力的过程，考验着体育教师的综合素养。

（2）在师生之间搭建沟通、交流的桥梁，作为信息载体促进教师与学生的互动。

（3）制约着教学方法、手段的选择。

（4）决定着体育教学效果和目标实现程度。

（二）体育教学内容特征

1. 教育性

教育性是体育教学内容最显著的特征，表现为学习体育教学内容，发挥体育教育功能，促进学生知识与技能、身心、社会适应等素养发展，引导学生树立良好的个性，塑造健全的人格，促进学生全面发展。现代体育教学内容的教学性具体反映在以下五个方面。

（1）促进受教育者身心发展。

（2）摒弃落后、不健康的活动。

（3）注重安全性与挑战性的统一。

（4）增强社会适应性。

（5）减少功利性。

2. 实践性

体育教师传授体育教学内容，往往在学生身体练习中实现，这本质上体现了体育运动的实践性。与其他学科教学内容相比，体育教学内容以体育运动项目、身体练习为主要构成，这是二者的区别所在。

事实上，体育教学内容的学习过程，不仅仅是学生思维活动的过程，还要求学生在理解教学内容的基础上（解决懂不懂、知不知的问题），进行实际的身体练习和运动学习活动，在反复练习的过程中建立起动作表象，形成肌肉记忆（解决会不会的问题）。因此，体育教学内容以身体实践为内容和形式，学生习得知识与技能更多依赖身体练习。

3. 健身性

体育教学内容的实践性特征，决定了其具有健身的功能。体育教学内容的健身性，指学生在学习体育教学内容的过程中进行身体锻炼，由于要承受一定的运动负荷，这有助于学生增强身体素质，改善生理机能，让自己保持一个匀称的身材和健康的体魄。

因此，体育教学内容的健身性直接表现为学生身体素质水平的提升。要实现这一功能，学生的身体练习方法要科学，运动负荷要在其可承受范围内，学习内容需要结合学生身心特点在体育教学要求的范围下选择，这是促进学生身心健康的基本前提。倘若运动负荷超出学生承受极限，或学习内容与学生身心发展特点不相适应，体育教学的健身性就无法实现。

4. 娱乐性

娱乐性是体育运动形成、发展的根本原因，这从早期体育运动带有明显的娱乐属性就能看出来。而现代体育教学内容中的各种体育项目，多源自运动游戏，所以也有一定的娱乐性。

在体育教学实践中，体育教学内容多为运动练习、竞赛形式，这是学生内化学习知识与技能的有效手段。而在运动练习、竞技比赛的过程中，学生会有一系列心理活动，如竞争、合作、表现欲，这是学生感受运动乐趣的根源，一定程度上激发了学生参与体育运动的热情，有助于学生感受体育的快乐，养成良好的运动习惯。

5. 人际交往的开放性

体育教学内容主要以集体活动为主。相比于其他学科的教学内容，体育教学内容转化过程中师生之间、生生之间的互动更多，交流、沟通呈现开放性、多边性特点，学生的社会适应能力得以锻炼，为学生以后走入社会做好准备。

值得注意的是，学生的体育教学活动往往以集体活动的形式开展，这需要每位成员位置、角色不断变换。在这个过程中，学生能够体会多重角色，需要与不同的人交流，可获得丰富的情感体验，有利于其人文素养的提升，在磨炼坚强品质、陶冶情操方面有积极的作用。

6. 非逻辑性

体育教学内容涉及多个层面，十分复杂，且内容之间没有明显的逻辑顺序，彼此可以互相替换，如球类教学与体操教学孰先孰后对学生的学习效果并无实质性影响。此外，不同的教学内容往往有一样的效果，如锻炼学生体能水平、培养学生体育兴趣、树立终身体育意识等。所以，教师在选择体育教学内容时可以灵活处理。

从排列方式来看，体育教学内容并非直线递进的，而是复合螺旋式的，是若干身体练习、竞技运动项目的组合，不同教学内容之间可以互相替代，教师可以选择多种运动项目和身体练习方式。

体育教学内容的非逻辑性让教师在安排体育教学时有了更大的自主性、灵活性，但这并不意味着可以随意选择，而是需要结合学生身心特点、运动基础，选择最适合学生全面发展的、能够实现体育教学目标的内容。从这一点来看，教师的工作要求更高了。

7. 规定性

规定性，指规定一些体育教学条件，以确保教学内容的可实现。例如，某些教学活动需要借助一定的体育器械，有特定的场地要求。如游泳、滑冰等对周边环境、气候均有要求。因此，在体育教学实践中，一些教学内容在空间、环境等方面有一定规定。

二、体育教学内容的产生

体育教学内容的产生，可以从宏观、微观两个视角对其进行划分，详述如下。

（一）宏观视角

经过多年的教育实践改革和探索，过去的单一化学校基础教学课程模式逐渐朝着多元化方向转变。从这一视角出发，体育教学内容包括上位层次（国家课程与教学内容）、中位层次（地方课程与教学内容）、下位层次（学校课程与教学内容）。

1. 上位层次

体育教学上位层次是国家课程与教学内容，由国家教育行政部门统一制定，各地方院校需要遵守相应要求，表现出一定的强制性，决定着我国高校体育教学水平的高低。

国家课程与教学内容是国家意志的反映，学生在接受一定时间多体育教学后，符合我国体育素质要求预期，成为合格的体育教育方面的人才，有助于教学目标的实现。对上位层次的开发，主要是基于高校体育教育性质及人才培养目标，综合考虑多种因素制定体育课程标准，编制适合大学生的体育教学内容。在高校体育课程框架中，与地方课程、学校课程的内容与课时相比，国家课程与教学内容所占比重更高。

2. 中位层次

体育教学中位层次是地方课程与教学内容，根据国家规定的高校体育课程内容设计。

地方课程教学内容反映了教学地的政治、经济、文化等实际状况，体现出一定的适应特点。中位层次的开发主体，一般是省级教育行政部门。开发地方课程教学内容，根据地方实际情况，挖掘当地具有特色的教学资源，表现出地域性特征。

3. 下位层次

体育教学下位层次是学校课程与教学内容，是与体育教学最贴合的部分，影响着教学活动的具体实施。

学校课程教学内容的开发主体是教师，在遵循国家、地方课程教学内容的基础上，结合本校实际情况，在本校办学宗旨和教育目标指导下，开发、利用当地社会、本校的各种体育教育资源，具有灵活性、多元性、可选择性等特点。在高校体育教学实践中，下位层次开发以上位层次和中位层次内容为依据，设计体育教学内容时应体现差异性、独特性，考虑到高校体育教学目标、学生身心协调发展以及体育学习等需要。在这个过程中，要联系本校实际、实事求是，灵活、有效地安排教学内容。

综上所述，体育教学内容分为上位层次、中位层次、下位层次，内容开发由国家、地方、学校共同完成，由于各个层次承担的职责、目标不同，它们涵盖的范围、在教学中的具体比重也有所差别[1]。

(二) 微观层面

教学内容是体育课程得以顺利进行的载体和前提。教学内容论指出，体育教学内涵丰富，涉及多个层面。根据体育教学内容具体化程度，其微观层面内容如下。

1. 第一层次

体育课程标准所示的学习内容。体育课程标准为体育教学内容的选择提供

---

[1] 杜俊娟. 体育教学设计 [M]. 北京：北京体育大学出版社，2007.

了指导，为了实现体育教学目标，体育教学内容必须符合相关课程标准要求。根据教育部发布的《义务教育体育与健康课程标准》，高校体育教学内容要围绕学生运动参与、运动技能、身心健康、社会适应等环节科学编排，体现出非常规性特点。

2. 第二层次

体育课程标准所示的水平目标。体育课程标准水平目标是对学习内容的具体化，即在参与一定时间的体育教学后应达到的实际学习效果。与上一层次教学内容相比，该层次教学内容强调实现体育课程的能力标准，具体来说，就是学生在学习一定体育教学内容后，应达到的能力标准、层次，应掌握的知识与技能，以及所达到的运动水平。因此，体育课程标准规定的水平目标为开展具体体育教学活动提供了指导。

3. 第三层次

体育教学的物质设施。体育教学物质设施，即在教学实践中所需要的各种硬件、软件等设施，主要是一些教具，如球类、体操、田径等体育项目开展所需要的场地、设施、设备等。该层次体育教学内容按照不同功能、形态及大小练习循环次数，在"排"和"练"中可进行如图3-1所示的划分。

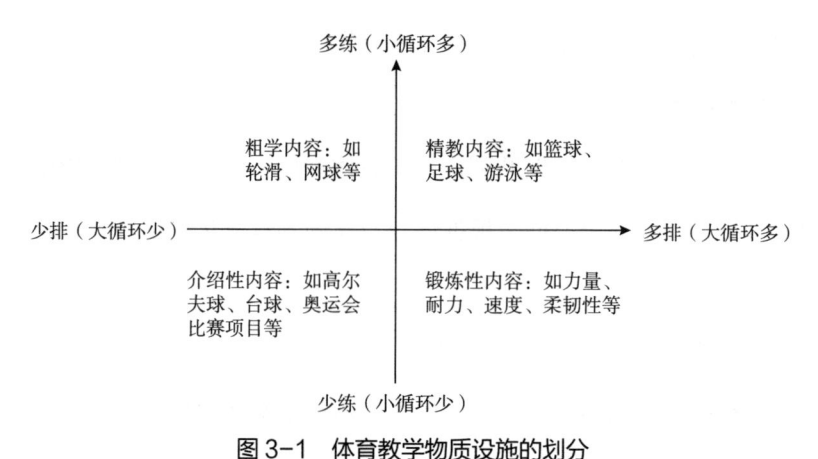

图3-1 体育教学物质设施的划分

4. 第四层次

体育教学的手段和方法。该层次指具体的教学内容，处于某项教学内容的下位，如教学实践中的练习教学内容、游戏教学内容、认知教学内容等。对于这些具体的教学内容的讲解，往往需要体育教师拆解后逐一进行讲述和演示。

三、体育教学内容的分类

(一) 体育教学内容分类基本要求

1. 符合教育价值取向

体育教学内容的划分随着社会发展、现代教育事业的进步而处于动态变化中。体育教学内容受到体育教学目标、教学价值观等因素的影响，具有明显的时代性特点。如西方体育教学的目的在于通过运动手段增强学生身体素质，提高心理健康水平和社会适应能力，发展学生的个性和竞争意识。而我国的高校体育教学更倾向于培养具有爱国主义精神、能肩负起中华民族伟大复兴时代大任的社会主义建设者和接班人。二者体育教学目标不同的根本原因在于东西方价值取向的差异性。

2. 服务体育课程目标

高校一切体育教学活动都是在体育教学目标的指导下进行的，体育教学内容服务于教学任务和教学目标的需要，是实现体育教学功能的重要途径。因此，体育教师在编排体育教学内容时，需要重点考虑体育课程目标的实现程度。在对体育教学内容进行分类时要结合运动项目特点、作用，在有利于实现体育课程目标的基础上进行，只有这样，编制的体育教学内容才能更好地满足教育教学的需要。

3. 符合学生发展规律

体育教学内容的设计，需要从学生身心特点、体育学习和发展需要入手。

在高校体育教学实践中，体育教师选择具体教学内容时，要考虑到大学生的身心特点、运动基础，在坚持统一性的基础上体现差异性。

根据学生的身心特点及其成长规律，选择适合他们学习和发展需要的体育教学内容，符合遵循学生身心发展规律的教学要求。另外，体育教师在安排运动负荷时，同样需要根据学生生理和心理状况，考虑男女生的差异以及特殊群体。高校大学生进行体育运动，旨在习得基本的体育知识，掌握相应的运动技能，此时，体育教师可以采用竞赛等形式，帮助学生巩固课堂所学知识与技能，调动学生的体育热情，使其在竞争、合作中感受运动的乐趣，从而实现高校体育教学目标。

4.方便展开教学实践

要坚持体育教学内容的分类服务于体育教学实践的原则。在高校体育教学实际中，教师在对体育课程内容选择、编排的过程中，要秉持科学、有效的原则，遵循相应的分类规律和学生身心发展规律，并将具体内容应用于教学实践中，以检验内容的合理性，为是否需要对教学内容进行调整提供实践依据。

5.与其他教学要素相联系

一个完整的体育教学体系，涉及若干个教学要素。体育教学内容作为体育教学体系中的关键部分，在进行分类时，应当与其他教学要素联系起来，如教学手段、评价方法等，彼此之间是相互交织、相互作用的关系。体育教师需要树立系统、整体的分类观念，以便发挥体育教学整体功能。

（二）体育教学内容常见分类方法

进入新时代，尤其是在素质教育背景下，高校体育教学内容更加丰富，运动项目类型多元，在对其进行科学分类时，需要根据一定的逻辑，确保其条理性。教学实践表明，科学、合理的体育教学内容分类，有助于师生对体育教学内容形成更全面的认知，能够选择合适的教学内容，促进体育教学目标的实现。

由于体育教学内容之间是平行的关系，彼此之间可以互相替代，这给分类带来了不小的困难，学界对于体育教学内容的分类有诸多争议。根据不同的划分方式，现代体育教学内容分为以下几类。

1. 体育教学功能

从体育教学功能看，随着三维健康观的提出，《义务教育体育与健康课程标准》围绕体育本质特征对体育课程内容体系进行重构，将其分为运动参与、运动技能、身体健康、心理健康、社会适应等五类。

2. 体育教学目标

从体育教学目标看，可分为发展学生身体素质、提高运动技能、培养运动安全和运动损伤预防的练习等。

基于体育教学目标对体育教学内容进行分类，有助于学生在完成相应的身体练习后，身体素质得到提升，从而实现教学目标。这种分类方法下，拥有一定目的的现代教学内容在打破陈旧、过分强调竞技的教学内容编排方面具有积极意义，可为学生提供丰富、有趣、科学的运动项目。

3. 机体活动能力

从机体活动能力看，根据人的走、跑、跳、投等基本活动能力，来安排体育运动项目，引导学生进行身体练习。

这种分类方法的优势在于，发展学生基本活动能力，提高教学的针对性、有效性。教学内容不受正规体育运动项目规则限制，体育教师可对教学内容加以组合，优先发展学生各种身体活动能力，改善学生身体机能。

这种分类方法的缺点在于，在发展学生运动技能、提高体能水平方面有限；对于学生来说，这种分类方法无法满足他们的身体练习需要，缺乏挑战性的内容容易让他们感到枯燥。因此，这种分类方法并不适用于高校体育教学。

4.身体素质内容

从身体素质内容看，即根据速度、耐力、灵敏、力量等，或与动作技能有关的体能，分为速度型、力量型、平衡型等体育教学内容。或根据与健康有关的体能分为心肺耐力型、肌肉耐力型的项目，体育教师需要对这些类型的身体练习项目进行组合，以满足学生体育学习的需要。

身体素质指人体在运动中表现出的机能，一般包括力量、耐力、速度等基本身体素质。增强学生的身体素质是高校体育教学的一个基础性目标。所以，基于身体素质对体育教学内容进行分类不失为一个有效选择。

根据身体素质分类的方法的优点在于，有助于学生对各种运动项目、身体练习形成一个完整的认识，促进其各方面体能素质的提升，在身体练习中表现出一定的目的性、针对性。

这种分类方法的缺点在于，由于多数体育运动项目并不以提高某一身体素质为前提，从而导致这种分类方法界限不够明确，使学生对体育教学内容文化的认知出现偏差——认为体育学习以提高体能素质为主，忽视了相关理论知识和专项技能的学练。

5.体育运动项目

从体育运动项目看，根据运动项目名称、内容，分为田径、体操、体育舞蹈、球类、水上运动等，还可以结合具体运动项目特点进一步细分，如球类有篮球、足球、乒乓球等。这种分类方法在高校体育教学中应用广泛，方便组织、开展体育教学活动。

体育方面的这种分类方法能够让学生准确把握学习内容，并了解相应的体育运动文化，丰富自身知识储备和提升理论水平。

要注意的是，根据运动项目进行分类对高校体育教学常设的运动教学没有影响，但容易忽略那些尚未被列入正规体育比赛的项目。另外，在正式比赛项目中，由于规则、技能等的限制，往往要求参赛者有较高的专业运动水平，这与高校体育教学目标存在一定的距离。为此，针对竞技性强的运动项目，需要在编排教学内容时加以改造，符合学生身心特点、满足学生体育学习与发展需要。在改造的过程中，需要确保原有体育教学内容性质不发生根本性的变化，这对体育教师的教学能力是一个不小的挑战。

6. 综合交叉分类

综合交叉分类，是一种将基本部分与选用部分、理论与实践教学内容、各项运动基本教学内容与提高身体素质练习教学内容等进行彼此交叉的系统分类方法。

这种分类法与基于同一标准的一般事物分类原则有明显的不同，它在对体育教学内容进行分类时，往往采用多个标准。综合交叉分类的优点在于，准确反映不同学生不同年龄阶段的身心发展特点，以及对学生学习的基本要求，有利于实现体育教学"对症下药"。保持运动项目固有属性和系统特征，发展学生的体能素养，将运动项目技能练习与学生心理健康水平、良好个性、优良品质等素养的发展结合起来，促进学生全面发展。

四、现代体育教学内容基本构成

在素质教育背景下，高校体育教学逐渐从边缘性学科脱离出来，并得到越来越多的关注，具体表现为体育教学内容的丰富、多样。现阶段高校体育教学内容涵盖了以下方面。

(一) 基本教学内容

1. 体育、保健原理与知识

学习体育、保健原理与知识，让学生深入了解体育学习对社会、对国家、对自身发展的重要性，充分调动学生体育学习的主动性、积极性，让学生自觉参与到各种运动项目中。

作为体育教学基础内容，体育、保健原理与知识的学习，要求学生了解基本体育常识、与体育保健有关的原理，做到将这些知识与原理应用于生活实际中，为自己参与身体练习提供指导，确保体育锻炼的科学性、安全性。体育教师在教学这部分内容时，需要与学生生活联系起来，注意教学内容之间的逻辑性、系统性。

2. 田径运动

有"运动之母"之称的田径运动，与人的走、跑、跳、投等基本活动能力联系密切，在各个阶段的体育教学中扮演着重要角色。

作为体育教学内容的基础，田径运动在提高学生体能素质有显著作用，为学生参与其他体育活动奠定坚实的基础。在田径教学中，主要有走跑、跳跃、投掷等运动项目，有助于学生了解田径运动文化及相关原理，掌握田径类运动技能，提高在课后进行田径活动的科学性、有效性，为后续的田径专项学习、其他运动项目学习打好"台基"。

3. 球类运动

高校体育教学中的球类运动项目，有足球、篮球、排球、乒乓球、网球、羽毛球等。

开展球类运动教学，旨在让学生了解球类项目，对其基本原理、运动规律及其特征、文化形成全面的认识，有助于提高学生的球类运动水平，促进其身心发展。

与其他教学内容相比，球类运动教学由于项目种类多，一定程度上增加了教学的难度。另外，学生想要较好地掌握某项球类运动技术，需要持之以恒地练习，克服各种挑战。在球类运动教学中，体育教师可围绕具体教学内容逻辑顺序，按照"技术学习——战术学习""战术配合——战术实施——攻防转换"

等进行科学安排。把握球类运动特点，遵循技能规律、学生认知规律和教学规律，引导学生科学学习球类知识，进行有效练习。在教学实践中，选择适当的教学手段，必要时借助多媒体技术辅助学生理解球类教学知识与技能。此外，以竞赛的形式考查学生对相关球类理论知识、运动技术、战术等的理解水平。

4. 体操运动

迄今为止，体操运动已经经过了两千余年的发展，有着悠久的历史，且随着人类文明的发展而不断演变，与人们克服外界物体的心理欲求有着密切的联系，如今已成为体育教学体系的一个重要内容。

现代体操运动分为技巧、单双杠、支撑跳跃等，对发展身体力量、协调性、灵活性等能力有帮助。在体操运动教学中，传授学生体操运动文化与常识，让学生了解基本原理与特点、掌握基础体操技术动作，在课外布置一些实用的体操技能练习，以提高学生的体能和体操水平。

体育教师在选择体操具体教学内容时，要考虑体操的竞技性、学生的身心特点，向学生完整地呈现体操基本原理、技能技巧，引导学生科学习练，以提高自身身体素质、掌握一定的体操技能。在教学实践中，遵循循序渐进的原则，对动作难度、幅度、连接方式、符合进行合理设计。

5. 民族传统体育

民族传统体育是我国优秀体育文化的精粹，是我国体育教育与西方体育教学的一个重要区别。

我国民族传统体育在漫长的历史发展中，积淀了丰富的内容、繁多的类型。它与现代高校体育教学的融合，是对我国优秀传统体育文化的继承和发展，彰显了民族文化自信和文化自觉。民族传统体育项目教学对于提高学生身体素质、调适心理、养生保健、技击防卫等方面有着积极效果，有利于激发学生的民族自豪感和民族自尊心，增强凝聚力，培养学生的社会责任感和时代使命感。

同时，有助于学生了解传统礼仪文化、道德内容，培养爱国主义精神，激发学习的主动性、积极性和创造性，培养一批优秀的民族传统体育文化传承人。

鉴于民族传统体育项目的技击性，对习练者身体素质有较高的要求，因此在高校民族传统体育项目教学中，教师和学生要有足够的耐心，学生要能长时间进行习练，为完成一些高难度技术动作、套路联系打好基础。考虑到民族传统体育项目习练难度大，高校在课时分配时注意适当倾斜。

我国民族传统体育项目是从人类生产生活实践中提炼出来的精髓，与生活习俗、民族风情有着紧密的联系。在教学过程中，体育教师应重点阐述民族传统体育项目文化背景及其内涵，突出教学内容的文化性、实用性、范例性，为传承、弘扬民族体育文化营造良好的学习环境，激发学生的社会责任感，主动承担起弘扬民族优秀体育文化的重任。

6.韵律运动

韵律运动有健美运动、体育舞蹈、健美操、艺术体操、韵律操、民间舞蹈等内容。开展韵律运动教学，旨在完善学生体态，发展学生的动作节奏、肢体表现力。

体育教师在韵律运动教学过程中，要结合韵律运动项目特征，让学生了解韵律运动舞蹈、音乐理论基础知识与原理，以培养学生审美情趣，提高肢体艺术表达能力、自我创造意识和创新能力。学生在习练韵律运动项目时，不宜操之过急，需要循序渐进、由浅入深，以便掌握完整正确的技术动作。

(二) 任选教学内容

体育教学内容包括国家、地方和学校三个层次，国家体育课程教学内容为地方、学校确定具体教学内容提供指导，由于这一层面多是宏观指导，给予了地方、学校较大的自由空间。我国幅员辽阔、民族众多，体育文化具有明显的地域性、民族性。因此，高校在确定具体体育教学内容过程中，应结合当地资源优势、民族特色，打造有特色、个性鲜明的民族传统体育内容，这种做法的好处有两点：其一，易于当地学生接受，调动学生体育学习热情；其二，促进当地体育文化的传承和弘扬。

体育教师在编排体育教学内容时是有章可循的，不能过于随意，需要在体育教学大纲规定下，结合当地优势教学资源、本校实际条件以及学生生理、心理特征，挖掘、开发那些突出地方特色、有益于学生身心成长、能实现体育教学目标的运动项目，在教学实践中反映出所选内容的文化性、可操作性、实用性和独特性。

第二节 体育教学内容的选择、加工与开发

一、高校体育教学内容的选择

体育教学内容选择是开展现代体育教学活动的实践，在设计过程中要遵循准确、科学、恰当的原则。

(一) 体育教学内容选择依据

1. 体育课程目标

体育教师在组织、管理体育教学活动过程中，要始终围绕体育课程目标进行，仔细筛查备选或寻求合适的教学内容。总之，课程教学目标是选择体育教学内容的基本前提。

从本质上看，体育教学内容是实现体育课程目标的重要路径，课程目标与教学内容相适应，确保了教学活动的顺利开展，保证了教学质量。体育课程目标的编制，在各个阶段为教学内容的选择提供指导，它是多方专家对其课程产生的影响进行思考、验证的结果，具有一定的科学性、可行性。另外，体育课

程目标的多元性，决定了体育运动项目、身体练习之间能够互相替代，体育教师要做的就是从丰富的体育教学内容中，选出能够实现体育教学目标、促进学生身心发展的那一部分内容。

2. 教学客观规律

在体育教学设计过程中，应遵循体育教学客观规律，根据不同教学阶段特征，选择最适合的体育教学内容。具体来说，就是要符合学生身心发展规律、认知规律、技能形成规律。

学生的主动参与是保证教学效率的前提，这就需要学生充分调动自己的积极性，愿意付出相应的汗水。教育心理学表明，当学生对某一事物有浓厚兴趣时，其参与的积极性会明显提升，学习起来也就会事半功倍。鉴于此，体育教师在选择教学内容时，需要考虑学生的兴趣爱好、特长等，以便激发学生的参与积极性。在高校体育教学实践中，学习初期可以选择一些富有趣味性、娱乐性的运动项目，通过多样化的体育教学内容吸引学生的注意力。

学生是体育教学中最活跃的因素，教学内容的选择应突出学生的主体地位，遵循学生的生长发育、技能发展规律，以学生的学习和发展需要作为体育教学活动的出发点和落脚点，唯有如此，方能实现增强学生身体素质、提高心理健康水平和社会适应能力的教学目标。

3. 学生发展需要

作为体育教学的对象，学生是选择体育教学内容必须考虑的关键要素，教师要想方设法地让学生对体育学习产生兴趣，树立终身体育意识。因此，在高校体育教学实践中，应围绕学生发展需要，以促进学生身心发展为目标，选择适合的体育教学项目。

4. 社会发展需要

作为社会的一员，个人的自我发展离开了社会，就无从谈起，二者是相辅相成、相互促进的关系。开展高校体育教学，旨在让学生拥有一副健康的体魄，获得身心"双修"。因此，在高校体育教学内容设计过程中，不仅要考虑学生的个人发展，还要关注社会现实需求，实现个人发展与社会发展的"双赢"。

社会是学生个人价值得以实现的落脚点，高校体育教学内容需要以学生能够满足社会需要为基点，将教学实践与学生实际生活结合起来，让学生在现实生活中感受体育运动带来的价值，以便实现体育教学目标。所以，体育教学内容的选择要符合社会实际。

（二）体育教学内容选择原则

1. 教育性原则

体育教师应当围绕体育学科"育人"的根本任务，遵循教育性原则安排体育教学内容，具体表现为以下五个方面。

（1）立足于教育基本观点，确保教学内容突出教育性。

（2）与体育课程重要目标相适应，在"健康第一""终身体育"的指导思想下，确立体育教学内容。

（3）彰显文化内涵，让学生掌握基本体育知识和技能的同时，接受优秀体育文化的熏陶。

（4）综合考虑学生德、智、体、美、劳等素养的发展需要，充分把握学生生理、心理特征，遵循技能发展规律和教学客观规律，在选择体育教学内容时体现差异性，满足学生个性化学习的需要。

（5）体现社会固有价值和基本道德规范，选择的体育教学内容能够促进学生良好个性的发展。

2. 科学性原则

选择体育教学内容应遵循科学性原则，考虑教学效能、教学目标实现程度以及学生的发展需要。

(1) 选择有利于学生身心和谐发展的体育教学内容，在强调增强学生体质的同时，还要兼顾学生的心理健康水平。这是因为，学生的全面发展，仅掌握运动技能是不够的，还包括心理、品质的培育。

(2) 采取多元化教学手段，调动学生体育学习的积极性和主动性，让学生自觉参与体育运动，掌握科学锻炼知识。

(3) 对于刚开设的新型体育项目，需要严格把控其科学性，没有达到科学性要求的不宜进入课堂。

(4) 立足于校情和生情选择体育教学内容。

3. 趣味性原则

兴趣是最好的老师，学生对体育运动的兴趣，很大程度上决定了其学习体育知识与技能的积极性，以及学习效率。因此，体育教学内容要丰富、有趣，能够激发学生的学习动力。

(1) 从健身角度对竞技性较强的教学内容进行摒弃、改造。不少竞技运动项目有着较高的健身价值和教育价值，然而，当教师过分追求竞技运动项目教学的系统性、完整性时，以专业运动员的标准要求学生，显然是不合适的，会给学生带来巨大心理压力。

(2) 结合学生的兴趣爱好、特长和身心特征，选择广大学生喜闻乐见的运动项目，让学生在运动中感受乐趣。

4. 实效性原则

从范围来看，但凡有益于学生身心健康的运动项目，都可以考虑作为体育教学内容。因此，在高校体育教学中，选择的体育教学内容要考虑实效性，既简便易行，又对学生的全面发展有积极作用。

(1) 在体育教育改革中，应采取有效手段改变传统体育教学内容中"难、繁、偏、旧"的现状，走出过分强调书本知识的误区，这是体育教师组织教学活动时需要特别注意的地方。

（2）在编排体育教学内容时，选择那些与学生体育学习兴趣、经验接近的，社会普及、喜闻乐见的，与学生生活、现代科技发展密切联系的，并彰显项目内容的健身性、娱乐性，引导学生养成良好的体育锻炼习惯，树立终身体育意识，让健康、文明的生活方式伴随学生一生。

5.适应性原则

充分考虑学校所在地的气候、地理、经济发展水平、文化软硬件环境，确保体育教学内容的可行性，能够付诸实践。

6.民族性与世界性相结合原则

体育教师在安排体育教学内容时，要立足于我国国情，突出民族特色，同时具有包容性、开放性，面向世界，以打造体育强国为目标。

民族的也是世界的。既要打破守旧主义和封闭主义思想的束缚，更要提防民族虚无主义和历史虚无主义。因此，在高校体育教学实践中，要以本民族优秀传统文化为基点，突出中华民族特色，同时与时俱进，主动投身于国际化浪潮，吸收、借鉴优秀外来教学理念和模式，秉着"取其精华、去其糟粕"的辩证态度，推动体育教育事业可持续发展。

二、高校体育教学内容的加工与开发

(一) 体育教学内容的加工

1.体育教学内容加工要求

（1）考虑学生基础。结合学生基础，如认知水平、身体状况、身体承受能力、理解能力等，对体育教学内容进行加工、完善，将教学内容与学生实际状况联系起来，为促进学生身心发展奠定基础。

（2）满足学生需要。体育教学内容的加工，应当结合学生的学习、身心发展需要。在体育教学实践中，体育教师不能局限于教学内容的难易程度，还应当突出学生的主体地位，即根据学生多样化、个性化需要来确定教学内容及形式，保证其逻辑性、条理性。

(3) 符合加工要求。螺旋式排列和直线式排列是加工、处理体育教学内容，整合出新内容的两种常见方式。无论使用哪种排列方式，都要考虑运动项目特点、身体练习特征。其中，螺旋式注重相同教学内容在不同年级重复出现的阶段性提高。直线式指在学习某一运动项目或进行某种身体练习后，不重复出现。两种加工方式不能交叉使用，不然会使教学质量大打折扣。

2. 体育教学内容加工程序

(1) 审视教学观点。立足于社会生产生活实际，教育、学科特点和发展需要，考虑社会发展对人们健康的要求等，科学编排体育教学内容，并对现行体育教学模式进行评价，从是否有利于增强体质、培养道德人格、发展个性等方面入手，摒弃、改造不利于学生身心发展的教学内容。

(2) 整合教学内容。结合学生身心特征，在分析体育教学运动项目功能的基础上，对具体的运动项目、身体练习进行整合，为编排体育教学内容提供丰富的素材。

(3) 确定课程内容。围绕校情、学情选择体育运动项目范围，加工、处理具体身体练习内容。现代运动项目为开展体育教学活动提供了丰富的素材，但这些素材质量参差不齐，需要体育教师自行取舍、把握，让有限的课堂教学时间展示多元功能与价值，促进学生身心健康成长，为实现体育教学目标、建立完善体育课程体系奠定基础。

(4) 可行性分析。在高校体育教学实践中，体育教师应当注意分析教学内容的可行性。体育教学的室外特点，使其容易受到地形、气候等条件的制约，像足球教学往往需要专业的草地和晴朗的天气。因此，在选择体育教学内容时，要充分考虑学校的实际情况，进行灵活处理，确保活动的可行性。

(二) 体育教学内容的开发

体育教学内容开发，即寻找适合体育教学实践、有利于体育教学目标实现的教学内容，实施路径如下。

1. 延续传统体育教学内容

经过长期的体育教学改革，保留下来的体育教学内容十分丰富、种类繁多，这些内容必然有一定的科学性、合理性，在促进学生德、智、体、美、劳全面发展，实现体育教学目标方面具有积极的作用。所以，在高校体育教学实践中，对于延续下来的传统体育教学内容，通过革新教学模式、教学手段对这些内容进行整合、创新，发挥它们的科学价值和教育价值，为学生的体育学习活动提供丰富的素材，满足学生体育文化生活需要。

2. 参考上级课程文本的建议

上级课程文本，指国家教育行政部门规定的同一课程和教学内容，反映国家意志，专门为未来公民接受教育后应达到的共同体育素质开发的体育课程与教学内容，具有明显的导向性、政策性特点，给予了地方、各类高校以及体育教师自由发挥的空间，调动了各主体开发课程文本的积极性。在对体育教学内容进行加工时，体育教师可以参考上级课程文本建议，结合本校实际情况丰富课程内容、提高教学的针对性。

3. 修改上级课程文本的规定

体育教学课程文本从宏观上规定了教学内容的大致方向，考虑了各地区、各高校的具体教学状况存在的差异性。然而，上级课程文本应用于高校体育教学实践中也有可能出现冲突的情形，课程文本与教学实践存在不一致的情况。对此，高校需要在上级文本精神和规定要求的基础上，对上级课程文本规定的教学内容进行适当修改。

4.改造传统体育教学内容

结合时代发展需要、学校和学生实际状况，对传统体育教学内容进行改造、创新，提高现代体育教学的实效性。

随着体育教学改革的深入，一些传统体育教学内容逐渐与现代体育教学需要不符。但考虑到传统体育教学内容在本质上依然有一定的教育价值，对此，可以对其进行针对性的改造，以提高与现代社会发展的适应性，更好地满足学生身心发展需要。

对于某种体育教学内容资源来说，要适当提取、改变、增加、舍弃一些要素，通过简化规则、降低难度、实用化、游戏化等形式，组合形成一个新的体育教学内容。

5.进入新兴体育教学内容

万事万物都处于动态发展过程中，体育运动是这样，体育教学也是如此。随着体育教育的深入，一些新的运动项目和教学内容应运而生，而至于其能否作为体育教学的素材，则需要进一步研究、分析。

近年来，学生体育学习需要呈多样化、个性化特点，为丰富学生体育生活，体育教师将一些街舞、瑜伽、拓展训练等新内容纳入现代体育教学中，有效调动了学生的参与热情，吸引越来越多的学生进行体育锻炼，效果不错。实践表明，引入新兴体育教学内容是一个可行的选择，能够让体育课堂教学焕发新的生机，提高教学质量。

对于大学生来说，传统的运动项目对他们的吸引力有限，刺激、新鲜的运动项目才能抓住他们的目光。因此，体育教师需要注重项目教学内容的更新。我国民族众多，使得传统体育项目具有鲜明特色，加上优良的健身价值，可以在改造成与学生身心发展相适应的内容后纳入课堂教学体系，做到教学的与时俱进。

在引入新兴体育教学内容的过程中，要充分考虑现行的原理、规则、场地设备条件，立足于学生的全面发展。

第三节　体育教学内容体系建设

一、高校体育教学内容体系建构设想

新课程标准明确了各教学阶段内容衔接与体育知识系统化的问题，强调在体育教学过程中教学的递进性和知识的系统性，并就课程目标的描述做了一些变动。例如，在讲述球类与体操学习目标时，从"基本掌握"到"较为熟练地掌握"、从"完成"到"较为熟练地完成"便体现了一种递进关系，方便体育教师根据各阶段目标确立体育教学内容，提高教学的针对性、有效性。

要注意的是，为了保证技能水平的递进式发展，使各阶段教学水平呈现一致性，应当有一个前提——运动项目和内容类别的一致性，做到根据"大循环"排列方式实施体育教学内容，以便学生系统、完整地掌握技能动作要领，提高学习效率。

在体育教学实践中，为了让学生在学习体育内容时掌握一项或多项运动知识与技能，前提是保证教学内容的科学性、系统性。换言之，在国家体育课程教学内容的指导下，根据本地实际情况、学校具体教学条件，选择能够激发学生体育学习兴趣、广大学生喜闻乐见的体育教学内容，并确保内容有自由选择和发挥的余地，提高体育教学的灵活性。在遵循循序渐进、系统化原则基础上，建立起一个科学、严谨、有弹性的高校体育教学内容体系，为开展高校体育教学活动提供保障。

二、高校体育教学内容体系建构框架

(一)体育教学内容体系建构的逻辑性

体育教学内容的确定，以体育教学目标为指导，二者之间存在密切的联系。为确保高校体育教学内容的逻辑性，需要结合不同阶段的课程教学目标，贯彻"目标统领内容"的原则，根据体育教学发展阶段、发展目标等，选择最适合学生的体育教学内容。

不同阶段的体育教学，相应的教学目标也有所不同，随着阶段的上升，各阶段目标之间呈现出明显的递进关系。因此，各阶段教学内容的选择过程，是由少到多、由表及里的过程。

阶段性课程目标对体育教学内容具有重要的指导作用。在高校体育教学实践中，高等教育课程目标指导下的高校体育教学内容应遵循学生生长发育规律、技能形成规律、认知发展规律，根据本校实际情况和学生运动基础进行选择，有益于大学生体育知识与技能水平以及心理素质的提高，这是建构高校体育教学内容体系逻辑性的重要表现。

(二)体育教学内容建构基本框架

体育教学内容丰富多样，表现得庞杂、无序，但通过分析高校体育教学内容逻辑性可知，调整体育教学系统下的各个要素，能够对大学生体育教学内容的难易程度进行有效控制，让学生在整个大学期间的体育学习内容呈现一个递进过程，实现学生身心素养的全方位发展。

毛振明等学者在围绕学生体育教学内容的递进性、系统性基础上，提出了一个较完善的、与体育课程目标相适应的各阶段体育教学内容体系，基本框架如图3-2所示。

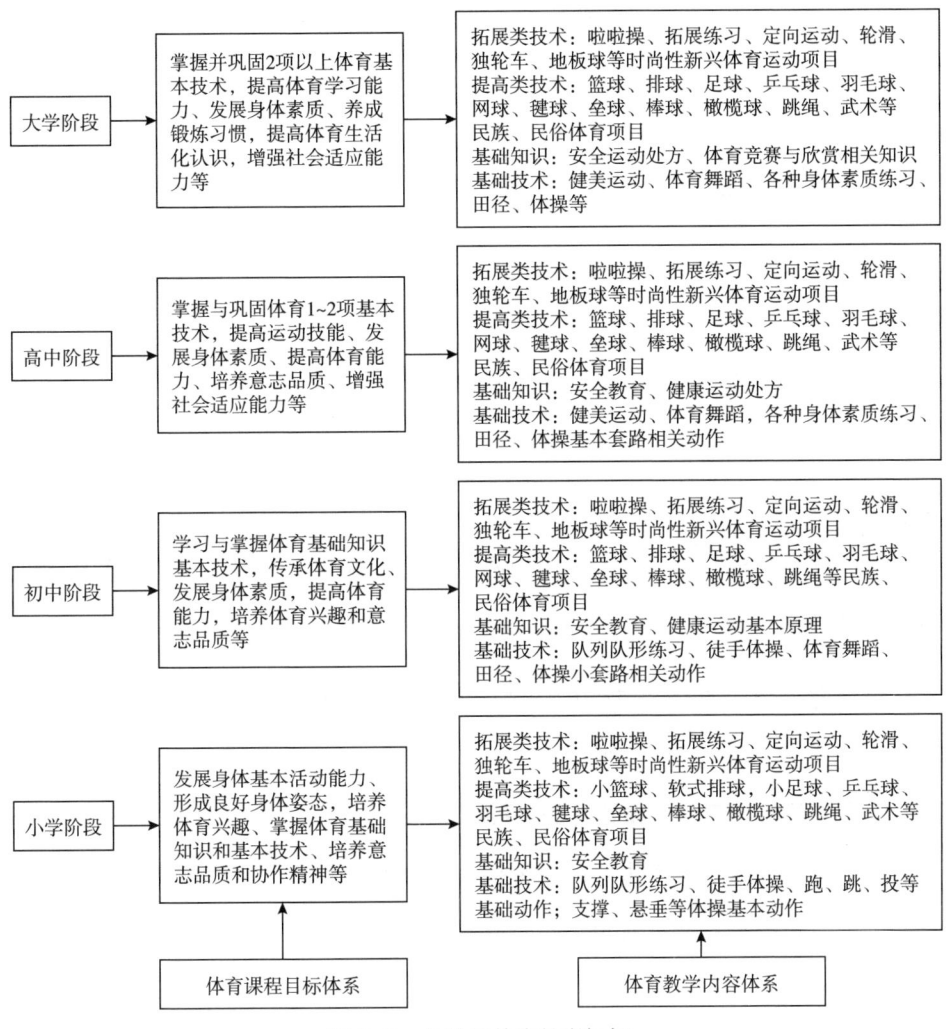

图 3-2 各阶段体育教学框架

大学阶段 → 掌握并巩固2项以上体育基本技术，提高体育学习能力、发展身体素质、养成锻炼习惯，提高体育生活化认识，增强社会适应能力等 →
- 拓展类技术：啦啦操、拓展练习、定向运动、轮滑、独轮车、地板球等时尚性新兴体育运动项目
- 提高类技术：篮球、排球、足球、乒乓球、羽毛球、网球、键球、垒球、棒球、橄榄球、跳绳、武术等民族、民俗体育项目
- 基础知识：安全运动处方、体育竞赛与欣赏相关知识
- 基础技术：健美运动、体育舞蹈、各种身体素质练习、田径、体操等

高中阶段 → 掌握与巩固体育1~2项基本技术，提高运动技能、发展身体素质、提高体育能力、培养意志品质、增强社会适应能力等 →
- 拓展类技术：啦啦操、拓展练习、定向运动、轮滑、独轮车、地板球等时尚性新兴体育运动项目
- 提高类技术：篮球、排球、足球、乒乓球、羽毛球、网球、键球、垒球、棒球、橄榄球、跳绳、武术等民族、民俗体育项目
- 基础知识：安全教育、健康运动处方
- 基础技术：健美运动、体育舞蹈、各种身体素质练习、田径、体操基本套路相关动作

初中阶段 → 学习与掌握体育基础知识基本技术，传承体育文化、发展身体素质，提高体育能力，培养体育兴趣和意志品质等 →
- 拓展类技术：啦啦操、拓展练习、定向运动、轮滑、独轮车、地板球等时尚性新兴体育运动项目
- 提高类技术：篮球、排球、足球、乒乓球、羽毛球、网球、键球、垒球、棒球、橄榄球、跳绳等民族、民俗体育项目
- 基础知识：安全教育、健康运动基本原理
- 基础技术：队列队形练习、徒手体操、体育舞蹈、田径、体操小套路相关动作

小学阶段 → 发展身体基本活动能力、形成良好身体姿态，培养体育兴趣、掌握体育基础知识和基本技术、培养意志品质和协作精神等 →
- 拓展类技术：啦啦操、拓展练习、定向运动、轮滑、独轮车、地板球等时尚性新兴体育运动项目
- 提高类技术：小篮球、软式排球、小足球、乒乓球、羽毛球、键球、垒球、棒球、橄榄球、跳绳、武术等民族、民俗体育项目
- 基础知识：安全教育
- 基础技术：队列队形练习、徒手体操、跑、跳、投等基础动作；支撑、悬垂等体操基本动作

（体育课程目标体系　体育教学内容体系）

图 3-2　各阶段体育教学框架

三、高校体育教学内容体系建构说明

(一) 体系下体育教学内容逻辑线

从体育教学内容逻辑线来看，遵循基础到提高、部分到完整的原则下呈现如表 3-1 所示的逻辑线。

表 3-1 体育教学内容逻辑线

逻辑线	内容关系
体育教学目标逻辑线	由基础到提高、部分到全面
基础类与提高类、拓展类体育教学内容与终身学习能力逻辑线	掌握基础类技术，为提高类、拓展类技术学习奠定基础；掌握提高类、拓展类技术，为发展学生终身学习能力做准备
体育教学内容之间的逻辑线	无论是基础类、还是拓展类、提高类，都遵从基础到提高、部分到完整的逻辑顺序

（二）体育教学内容的基础性与提高性

基础类、提高类、拓展类与终身体育教学内容之间是基础与提高、部分到完善的关系。

从这三类逻辑联系视角出发，两两相邻的体育教学内容之间是技术基础性与提高性的递进过程。因此，在不同学段、级段的体育教学内容编排过程中，体育教师要遵从这种逻辑关系，反映出教学内容之间的阶段性、递进性关系，保证高校学生体育学习的完整性。

（三）体育教学内容体系建构基本要求

为确保高校体育教学内容的系统性、科学性，帮助学生高效掌握体育运动技能，培养学生终身体育意识和终身体育锻炼习惯，在建构高校体育教学内容体系时，要从以下方面入手。

1. 目标明确

在国家层面，高校体育教学课程管理体制应明确课程目标，为高校开设体育课程、编排体育教学内容提供有益指导。

2. 科学规定

在地区层面，各地高校在确定体育教学内容时，应考虑当地大众体育特点，挖掘传统体育优势资源，在满足国家和地方体育事业发展的基础上，让体育教学内容彰显地域特色。

3. 保持灵活性

在高校方面，各级各类高校要结合本校学生生情(生理、心理特点，运动基础，认知水平等)，在遵循体育教学内容自身逻辑性和教学规律基础上，编制体育教学内容时保持一定的弹性和灵活性，以满足学生实际发展需要，促进学生全面发展。

第四节 体育教学内容的创新与发展

一、高校体育教学内容未来发展趋势

(一) 逐级分化和选择的多元化

在传统体育教学中，高校体育教学在选择体育教学内容时局限于课程目标，普遍做法是将竞技运动项目直接作为体育教学内容，这种培养专业运动员的模式显然不适用于大学生群体的培养。

随着体育教学改革的深入，新《体育与健康教学改革指导纲要》明确提出，应当遵循体育学科特点和内在规律，选择大学生喜闻乐见、感兴趣的，能促进大学生身心发展的体育教学内容。

(二) 由教师主导转变为突出学生主体地位

高校在选择、确定体育教学内容时，往往受到若干因素的制约。以往的高校体育教学大纲，强调教育工作者对教学内容的价值取向，即突出"教师的教"，一定程度上忽视了"学生的学"。

而在"健康第一""终身体育"等新型体育教学理念影响下，高校体育教学逐渐要求突出学生的主体地位，要求体育教学内容更多地服务于学生的学习和全面发展需要，注重围绕学生身心特点、兴趣爱好、运动基础，开展以学生为

主体的各种教学活动。

(三) 由技能提高到注重学生综合素养

在传统体育教学模式下，体育课程更多地表现为以增强学生跑、跳、投等基本活动能力的"体能达标课"，强调基础性，但在发展性方面略显不足，尤其是对身心素养达到一定阶段的大学生群体来说。

新时代背景下，单一的技能型人才已经无法满足现代社会发展的需要，这要求高校体育教学目标、内容、方法进行相应的调整。因此，体育教师应当围绕学生的体能、心理、智能、社会适应性等综合素养，在素质教育理念指导下，选择丰富多样的、富有一定挑战性的综合性教学内容，以促进学生的个性发展，引导学生塑造健全的人格。

(四) 由运动技能发展转变为终身体育发展

传统理念指导下的高校体育教学，以体育竞技内容为主，过分强调学生运动技能水平的提高，以运动员的标准要求大学生，这种做法忽视了学生的实际情况，不利于学生身心发展。

高校体育教师应逐渐转变教学理念，树立"健康第一""终身体育"等价值取向，立足于发展学生终身体育意识，养成良好运动习惯的目标，选择体育教学内容。在内容确定过程中，把握健身性、文化性、娱乐性之间的关系，以大众喜闻乐见的具备良好健身价值和终身运动性质的项目为载体，开展体育教学活动。

在高校体育教学实践中，教师将体育教学与学生日常生活实际联系起来，采取各种手段激励学生主动参与体育锻炼，养成健康、文明的生活方式和锻炼习惯，为学生终身体育奠定坚实的基础。

二、高校体育教学内容改革方向与建议

(一) 体育教学内容改革方向

(1) 改变体育教学内容中体育锻炼和达标统一的趋势。

(2) 缩小体育教学内容与学生社会体育活动之间的差距。

(3) 解决体育教学中与体育教学内容难度有关联的"教不会""教不懂"的问题。

(4) 解决学生因体育教学内容缺乏娱乐性而排斥体育课的问题。

(5) 解决体育教学内容开发不足的问题。

(6) 解决体育教学内容民族化的问题。

(二) 体育教学内容改革的建议

(1) 在确定高校体育教学内容中,做到以学生为中心,从学生的兴趣爱好、运动基础等方面入手。

(2) 保证教学内容选择的灵活性和自由空间。国家体育教学内容在制定时保持一定的弹性,给予地方和学校自由发挥的空间,让其结合本地、本校实际情况,设计教学内容和教学模式,以提高教学的针对性和实效性,保证高校体育教学质量。

(3) 淡化竞技运动的技术体系。

(4) 重视女生体育教育,增加女生喜爱的韵律体操和舞蹈内容。

三、革新高校体育教学内容体系

开展高校体育教学,要求教学内容与学生日常生活、学习相联系,顺应学生个性发展和社会进步的需要,在新时代体育教学理念("健康第一""终身体育"等)的指导下,在体育教学内容革新过程中突出实效性、可操作性,具体可以从身体、保健、娱乐、竞技、生活等方面入手。

(一) 身体教育

身体教育，是以健身为目的的体育教学，旨在增强学生的各项基本活动能力，如走、跑、跳、投等。高校体育学科的特点和本质，要求体育教学服务于大学生身体素质的提高。

在"健康第一"理念指导下的高校体育教学，其中的一个重要目标是提升大学生体质健康水平，让学生的身体机能，如肌肉力量、有氧耐力、柔韧性、灵敏性等方面得到全面的提升。

(二) 保健教育

保健教育，指在学习基础体育知识过程中为保证学生练习的安全和健康，需要进行相关的生理、保健知识教育，帮助大学生养成健康、文明的生活方式，掌握科学的锻炼方法。在高校体育教学实践中，体育教师要强调运动处方理论与实践的统一，将保健教育融入体育教学内容体系中，引导学生塑造健全的人格和良好的个性，实现德、智、体、美、劳全面发展。

(三) 娱乐教育

作为体育教学内容体系的重要组成部分，娱乐教育是新时代下激发大学生参与体育运动积极性和主动性的内在要求。在体育教学内容中融入娱乐性、趣味性，与学生生活实际结合起来，让学生在参与丰富多彩的体育活动过程中感受运动的乐趣，从而激发学生体育学习的热情。我国民族众多，各民族都有自己独特的传统娱乐体育活动，为高校开展民族传统体育提供了丰富素材，如武术、爬竹竿、荡秋千等，有效增加了高校体育课程教学资源，满足了学生体育文化学习的需要，同时在传承和弘扬优秀民族体育文化中起到积极作用。

(四) 竞技教育

竞技教育，以专项运动项目为教学内容。在过去很长一段时间里，高校体育以竞技教育为特色。直到体育课程改革启动后，"健康第一""终身体育""以人为本"等新型体育教学理念的提出，使得竞技教育在高校体育教学中的地位有所下降，但其依然是体育教学的重要内容之一。

作为社会体育文化的重要组成部分，竞技教育在激发学生参与积极性、发展运动知识与技能、培养竞争与合作意识、增强心理调适能力和培养集体荣誉感、社会责任感等方面有着重要意义。在竞技教育内容教学过程中，需要结合学生现实需要，进行合理的改造、加工。

(五) 生活教育

生活教育，指防卫训练、拓展练习、冒险教育与生命健康教育。随着城市化的扩张、生活节奏的加快，生活在城市的学生们对自然界有着强烈的渴望，这为丰富高校体育教学内容提供了新的选择。

通过开展集挑战性、趣味性、冒险性于一体的野外生存与拓展训练活动，引导学生之间互帮互助，在锻炼学生人际交往能力、社会适应能力方面有显著效果，为学生未来走出校园、走进社会打下良好基础。在未来高校体育教学中，生活教育在发展学生综合素质方面的作用会越来越强。

第四章　高校体育教学的方法体系优化建设

高校体育教学方法体系，为开展高校体育教学活动、实现体育教学目标提供了路径和手段支持，彼此之间相互影响、相互作用。体育教学方法的科学性、创新性决定着体育课堂教学效果。作为体育教学体系的一个重要内容，体育教学方法的意义不言而喻。本章围绕体育教学方法基本知识、体育教学方法体系建构及其创新发展优化等方面，探讨高校体育教学方法体系建设路径，为高校体育教育事业发展提供理论支撑。

第一节　体育教学方法的基本知识

一、体育教学方法的发展历程

理论源于生活实践。从体育教学现象来看，并不存在所谓的体育教学方法，但并不意味着体育教学方法形成于课堂体育教学之后。事实上，在民间传统体育传授的过程中，一些教学方法便得到普遍应用，但由于当时对它的认知不够系统、科学，研究不够深入，也就没有上升到理论层面。由此可见，现代体育教学方法随着现代体育教学的诞生而出现，具有明显的时代性。纵观体育教学方法历程，大致经历了以下三个阶段。

(一) 体操和兵操时代

在古代社会，军事战争是推动体育运动形成、发展的一类驱动力。尤其是在冷兵器盛行时期，由于以近战为主，为了增强将士的战斗力，往往会对士兵们进行体育运动方面的训练。这一阶段的教学方法以训练式、注入式为主，相对单一，这两种传统教学方法都强调对动作的重复练习，学生在训练中形成肌肉记忆，从而有效提高自身的体能水平。

(二) 竞技运动时代

进入近代，随着资本主义竞技运动的萌芽和兴起，竞技运动得到迅速发展，具体表现为大量竞技项目的涌现。该阶段的竞技运动强调平等、公平，并在其中糅合了许多文化因素，生机勃勃、活力充盈。竞技运动项目要求运动员具备相当的技能水平，为了达到这一目标，仅靠苦练的训练式、注入式是行不通的。在这样的背景下，学者们纷纷对改进体育教学方法进行了研究，提炼出一些新的体育教学方法，如观察法、演示法、小团体教学法等，以此来提高教学效率，增强运动员的竞技能力。

(三) 体育教育时代

随着现代社会经济水平的迅速提高，体育运动得到蓬勃发展，并逐渐成为学校教育体系的一部分。体育作为一种人类社会独有的文化现象，其内容随着生产力的发展得以丰富，在现代体育教学中，包括健康教育、安全教育、体育资讯、培训、心理训练等，推动着体育教育向前发展，受教育者的有关知识与技能也得到全面增长。同时，体育教学丰富的内容掀起一阵阵研究体育教学方法的热潮，旨在让学生加深对体育知识与技能的理解、掌握，实现身体素质、心理健康、社会适应等综合素养的全面发展。

科技的日新月异，尤其是大数据、云计算等新一代网络信息技术的出现和广泛应用，催生了一些全新的体育教学方法，体育教学依托互联网及其网络通信技术，大大方便了学生对运动技术建立起清晰的表象，正确感知其相关动作，提高学习效果。自从进入现代体育教育时代，现代体育教学方法便朝着科学、规范的方向深入发展。

值得注意的是，新的体育教学方法的出现和运用，并不代表着传统体育教学方法的消亡。新的体育教学方法作为特定时代生产力与科学文化水平的产物，顺应了时代发展潮流，并与传统体育教学方法相互补充、发挥各自优势，一同加快体育教学改革步伐，推动体育教学事业上升到一个新的台阶。体育教学方法受到教学环境、对象、内容等因素的制约，在发展的过程中表现出阶段性特征。

二、体育教学方法概念及组成要素

(一) 体育教学方法概念

教学方法作为一种行为体系，是师生为实现课堂教学目标、完成教学任务采取的一系列手段、方式的总称，既包括教师的"教"，也包括学生的"学"。体育教学方法是确保体育教学活动顺利开展的手段、方式的总和，它包括了以下四方面内涵。

1. 体育教学方法是"教"与"学"的统一

体育教学方法涉及教师的"教"、学生的"学"两个层面，它的功能、价值的实现，需要借助师生之间互动这一路径。因此，体育教学方法实际上是教与学的统一。在高校体育教学实践中，教师和学生都是教学的主体。其中，教师选择的各种教学手段服务于学生学习发展的需要，一切教学活动都以学生的全面发展为出发点和落脚点，二者唯有进一步靠近，积极、主动地进行互动，构建起和谐、平等的对话系统，相互理解、相互尊重、相互配合，才有助于提高体育教学质量，实现体育教学目标。教师的"教"与学生的"学"贯穿体育教学实施的各个环节。

2. 体育教学方法是师生动作、行为的总和

体育教学方法的贯彻、实施表现在师生的交流、沟通当中，从这个角度看，它是师生动作、行为总和的操作体系。与其他学科教学方法相比，体育教学方法在注重教学语言的同时，更关注肢体动作要素。在教学实践中，为了让学生更好地理解、把握运动技能，教师的讲解、示范、纠正必不可少，学生在此基础上进行反复练习，往往能事半功倍，最终掌握完整、准确的技术动作。因此，体育教学效果的最终呈现要通过师生互动来完成。

3. 体育教学方法与目标不可分割

教无定法，任何一种体育教学方法，都有自身的目标。目标是制定教学方法的依据，为教学方法的实施提供指导。可以说，没有目标，体育教学方法就无从下手，功能便得不到充分发挥。体育教学方法与教学目标之间紧密联系，无论是方法的选择，还是方法的落实，都服务于教学目标与任务，二者是不可分割的关系。只有当体育教学方法配备了合适的目标，体育教师才能在教学实践中保持方向性，能够从容应对。同样，教学目标的实现，受教学方法的影响，倘若教学方法不甚科学、合理，目标也就无法达成。

4. 体育教学方法功能的多样性

现代体育教学，不再局限于知识与技能的习得、体能水平的提高，还强调学生审美情趣、社会适应、心理健康等方面的全面发展。这种教学目标的多样性决定了所使用的体育教学方法的多元化、丰富化，在此基础上开展的体育教学活动既让学生的运动水平得到了提高，还提升了学生的思想道德素养、心理健康水平，对于塑造健全人格、形成良好个性具有积极作用。

(二) 体育教学方法构成要素

1. 目标要素

体育教学方法应当有一个明确的教育目标，这是因为，教学方法实施的归

宿在于实现教育目标，二者相互影响、相互促进。

2. 语言要素

语言要素形式多样，如口头、肢体等。

3. 动作要素

动作要素，指身体的各种运动动作。就其本质而言，体育教学是以人的身体练习为载体的活动，为了实现体育教学目标，教师的示范、学生的习练等动作必不可少，这也是体育教学与其他学科教学的区别所在。

4. 环境要素

环境要素，既包括高校所处地理位置、气候等自然条件，也包括体育器材、场地设备等物质因素。

三、体育教学方法特点及分类

(一) 体育教学方法的特点

1. 双边互动性

无论何种体育教学方法，都贯穿在教师引导学生学习的双边互动过程中，渗透在教师的"教"和学生的"学"的全部过程。事实上，在实施体育教学方法时，教师的"教"对学生的"学"产生了一定制约，反之，学生的"学"对教师的"教"也有一定影响，二者是密切联系、相互交织、相互作用的关系。因此，体育教学方法并非教师教法与学生学法的简单相加，而是在二者互动中教与学的统一过程。

2. 多感官参与性

在高校体育教学实践中，无论是教师还是学生，都需要将自身感官调动起来，利用视觉、听觉接收、交流信息的同时，还在中枢神经系统指挥下，借助身体触觉、动觉、位觉等进行动作示范、练习，在身体感知下进行正确动作时，对用力大小、运动方向、动作幅度等进行感知，学生在此基础上建立正确、清晰的动作表象，在反复练习后对完整的动作进行有效控制。以上反映了体育教学方法多感官参与性。

3. 感知、思维、练习组合性

在体育教学目标和教学程度的共同决定下，在参与体育教学和身体练习过程中，学生往往调动多个感官以接收教师发出的信息，利用大脑皮层以及中枢神经对信息分析、加工、处理，对机体作出一系列指示，以便完成相应的动作练习。在这一过程下，学生运用感知、思维能力，反复练习，直到完整地掌握动作技能。其中，感知是基础、思维是核心、练习是结果，三者贯穿体育教学的各个环节，引导学生加深对体育知识与技能的认知，促进学生身心健康发展，为学生养成良好体育习惯和树立终身体育意识奠定了基础。

4. 运动与休息的交替性

在体育教学过程中，个体的身体活动与心理活动并不是割裂的，二者密切联系。学生在感知动作基础上，经过思考、记忆、分析等一系列心理活动，试图理解、掌握运动技术技能。在这个过程中，学生需要承受一定的运动负荷，经过较长时间练习后会产生运动性疲劳，此时学生如果继续练习，效率将大打折扣。因此，教师要在合理安排运动负荷的基础上，科学安排运动与休息时间，让运动与休息之间达成平衡，从而提高课堂教学效率。

5. 继承性

为了不断提高体育教学实效性，人们历来重视教学方法的分析、研究，在长期的教学探索和实践中，积累了丰富的教学经验，表现出体育教学方法的历史继承性。一些遗留下来的教学方法，尤其是能反映体育教学客观规律的方法，对于现代体育教学依然有一定的促进作用，往往能带来意想不到的收获。

综上所述，我们应当总结、归纳传统体育教学方法的优势，汲取其先进部分，做到与时俱进、推陈出新，赋予其新的时代内涵，使其焕发新的价值，为高校体育教育事业发展注入活力。

(二) 体育教学方法分类

在多年体育教学实践积累下，学界关于体育教学方法的分类表现出丰富化、细化特点，具体见表4-1。

表4-1 体育教学方法的分类

划分依据	类别
体育教学方法本质特征	①教育学一般方法 ②体育中的特殊方法
体育教学目标	①传授理论知识的方法 ②技能教学方法 ③锻炼方法 ④教育方法
教学活动中获得信息性质与功能特征	①基本信息手段和方法 ②辅助信息手段和方法
师生双边活动	①讲授法 ②学习法
教学活动中获得信息的主要途径及其来源	①语言法 ②直观法 ③练习法

四、体育教学方法层次

体育教学方法有一定的层次性，表现在体育教学策略、教学方法、教学手段三个方面。

(一) 教学策略

作为体育教学方法的"上位"层次，教学策略是从广义的体育教学方法概念来理解的，是指传统定义下教学方法的组合，即教师运用多种手段、方法进行教学的行为过程，集中表现为单元、课程的设计与演变，也被称为"体育教学模式"。以发现式教学模式为例，它是将模型演示、提问法、总结归纳法、组织讨论法等多种传统定义下的教学手段组合,形成的广义教学方法。

(二) 教学方法

教学方法属于体育教学方法体系的"中位"层次,是狭义的体育教学方法,与传统定义下的教学方法概念一致,指体育教学运用主要手段开展教学活动的行为方式。例如,提问法就是针对某一教学方式采用的具体教法,在运用提问、解答两种具体方法基础上推动教学。这里的教学方法往往在体育课某一教学步骤中呈现,当体育教师的教学能力、专业素养有所差异时,教学方法的选择、运用也会有所区别。

(三) 教学手段

作为体育教学方法的"下位"层次,教学手段是传统定义下的教学方法的组成部分,指教师采用一种主要手段推动教学进程的行为方式,相当于"教学工具"。在体育教学实践中,体育教师在组织体育课、安排体育教学步骤时,为了完成教学目标和教学任务,通常会在具体的教学活动中,借助各种教学工具,来确保教学效果。这里的教学工具便是教学手段。

五、体育教学方法的意义

在建构体育教学体系过程中,体育教学方法扮演着一个重要的角色,它对课堂教学有着明显的推动作用,即使教学活动结束,其所产生的影响在短时间内也不会消失殆尽,这是体育教学内容、环境等要素无法比拟的。具体来说,体育教学方法在教学实践中发挥着以下作用。

(一) 完成教学任务

体育教学方法为师生、生生之间的交流、沟通搭建起桥梁,在互动中起到"连接点"的作用。科学、实用的体育教学方法,将教师、学生密切联系在一起,为确保体育教学活动的顺利开展、实现体育教学目标提供了强力支撑,促使体育教学任务高效完成。如运用的教学方法与教学实际不符时，教学效果则事倍功半，教学目标和任务的实现也就无从谈起。

(二) 营造良好体育教学氛围

教学方法与教学氛围相互影响、相互作用。体育教学方法若运用得当，能够激发学生参与体育运动的热情，提高身体锻炼的主动性、积极性，帮助学生养成良好的运动习惯，营造一个融洽、宽松、互帮互助的体育学习环境。与此同时，在优良的体育教学氛围下，学生受到鼓舞、感染，激发了学生学习的动力，由此形成一个良性循环。科学的体育教学方法拉近了师生之间的距离，有利于建构融洽的师生关系，教师关心、爱护学生，学生支持、信任教师，在这样的氛围下，教学效果将得到明显提升，推动体育教学实践活动规范、有序地开展。

(三) 促进学生身心全面发展

在科学理论和先进教学理念的影响和指导下，教师在体育教学实践中运用的教学方法必然是科学的、有效的，这对增强学生的体能素质、提高心理健康水平、提高社会适应能力具有积极作用，可促进学生身心全面发展。在体育活动过程中，如果教师采用了与学生实际不符的教学方法，则会使教学效果大打折扣，甚至影响学生的身心协调发展。

事实上，体育教学方法的实施过程是学生体验、习练体育运动技术技能的过程，在这个过程中，教师既要讲授有关体育运动知识与技能，还要重视学生的身体练习活动，给予必要的指导，让学生意识到身体锻炼的重要性，树立起终身体育意识，获得体能、智能、心理健康、社会适应能力等的全面发展。另外，科学、有效的体育教学方法能让学生感受到运动的乐趣，使学生的综合素养得到提高。

(四) 提高教学质量

在高校体育教学活动中，体育教师运用科学、有效的教学方法，调动起各种有利于激发学生学习主动性和积极性的因子，让学生释放自身的学习潜能，进行独立思考、自主与合作探究，引导学生学习基础体育知识与技能，在反复身体练习过程中巩固所学、提高学习效率，发展学生的运动技能水平的同时，起到塑造健全人格和良好个性的效果。

第二节 体育教学方法的科学选用

一、体育教学方法的合理选择

(一) 体育教学方法选择参考依据

1. 根据体育教学目标选择

体育教学目标包括身体发展、知识与技能发展、情感与价值感、社会适应等多个方面，具有多层次性。为了确保这些目标的实现，体育教师需要合理运用各种体育教学方法。在高校体育教学实践中，教学目标之间有着密切的联系，但每一单元、每一节课目标的侧重方向有所区别。鉴于此，教师在选择教学方法时，应当以具体课堂教学目标为依据，完成课时目标。这种做法实际上是对教学总目标进行层层分解，当所有的子目标达成后，总目标自然就实现了。课时教学目标为开展本课堂教学活动提供了指导，同样涵盖了丰富的内容，涉及运动理论、技术技能、心理品质等各个方面，对于这些不同的内容，体育教师要选择相应的教学方法来组织、管理体育教学活动。

2. 根据体育教材选择

体育教材是开展体育教学活动的载体，教材内容与教学方法之间相互联系、相互作用。不同的教材内容，理应采取不同的教学方法。如运动理论知识，适宜语言教学法。而实践知识，则适用于直观的示范法。体育教师在选择教学方法时，受到教学内容性质的影响，这要求教师能随机应变，根据教学实际情况合理运用各种教学方法。

3. 根据教师自身条件选择

教师作为体育教学方法的组织者、实施者，其专业素养、教学能力直接影响课堂教学效果。因此，体育教师要不断提高自身的能力和素质，在教学实践中充分发挥各种教学方法的功能，推动体育教学活动的顺利开展。在选择教学方法之前，教师要对自身的能力水平、专业素质、风格特点、情绪状态有一个清晰的认知，以便做出正确的选择。

现代体育教学要求教师熟练掌握各种教学方法，能够结合实际情况（包括教师自己的，也包括学生的）灵活运用，以保证课堂教学质量。由于体育教师队伍水平参差不齐，即便是面对同一批学生采用同样的教学方法，所呈现的教学结果也截然不同，这有力地证实了体育教师自身能力对课堂教学的重要性。对此，教师要想方设法增强自己的教学能力、改善教学风格，以丰富的知识储备、崇高的人格魅力感染学生，调动学生体育学习热情。

4. 根据学生实际情况选择

学生是体育教学对象，在体育教学中占据着主体地位。因此，体育教师在开展教学活动过程中，要充分发挥学生这一主体地位，结合学生运动基础、兴趣爱好、身心特点等现实情况，从学生学习和发展需要中选择最恰当的体育教学方法，以提高教学的针对性、实效性。

5. 结合体育教学物质条件选择

体育教学器材、设施设备、场地、周边环境等是高校开展体育教学活动的物质保障。拥有良好教学物质条件的高校，体育教师在运用体育教学方法时更得心应手，能较好地发挥教学方法的作用。当高校连基本的体育设施设备都不具备时，教师的体育教学方法选择会受到一定的限制，最终对教学效果带来不利影响。

例如，在背越式跳高教学中，与沙坑相比，海绵块更干净、更安全，学生在海绵块上练习时心理负担小，神经系统兴奋性处于较高水平，练习效果好。在体育馆内开展体育活动，减少了周边的噪声干扰，且空气质量相对较好，有利于体育教学方法功能的充分发挥，提高了提高效果。在现代高校体育教学中，体育教师借助高科技手段，用影像课件对动作进行慢放、反复播放，提高了示范的准确性，便于学生掌握动作要领、建立清晰的动作表象。总之，体育教师在选择教学方法时，需要考虑到学校的场地、设施等因素。

6. 根据教学方法功能、适用条件来选择

在现代体育教学中，各种教学方法，它们的特征、功能、适用范围不尽相同，都有自己的优势和不足。因此，体育教师需要充分掌握、理解各种教学方法，在教学实践中对教学方法组合运用，以发挥"1+1＞2"的整体功效。面对复杂、多变的教学环境，想要用一种教学方法应对所有的教学情境是不现实的，每一种教学方法都有自己的适用范围，教师如果不顾实际情况，而任意选择一种或几种教学方法，必然会让教学效果打折扣，不利于体育教学目标和任务的实现。所以，体育教师要根据教学方法功能、适用范围合理筛选教学方法。

例如，谈话法是在传授新知识时常用的方法，它的适用条件是学生已经有相应的知识与心理准备，这是取得预期教学效果的前提。讲授法能在短时间向学生传授大量知识内容，体育教师的主导性得到发挥，但忽视学生的能动性，容易打击学生学习积极性。

综上所述，体育教师要统筹考虑各种教学方法的适用条件与作用，做到灵活运用、合理选择。

(二) 体育教学方法合理选择注意点

1. 密切师生的交流、沟通

为实现体育教学目标，师生之间的有效互动是有必要的。这是因为，体育教学活动是教师的"教"与学生的"学"的统一，二者缺一不可。体育教师不管选择哪一种教学方法，都要围绕学生的学习需要，从"怎么教""如何让学生主动学"出发。

传统体育教学以教师为中心，强调的是教师"如何教"的问题，忽视了学生的主体地位，很少考虑学生"如何学"的问题，教学方法单一，教学效果甚微。例如，教师在进行动作演示时，一味强调动作的协调性、美感，却忽视了学生的内心感受和情感体验，学生自然兴致缺缺，难以把握动作要领。

所以，高校体育教学要在师生之间建立畅通的互动机制，为师生的交流、沟通牵线搭桥。

2. 注意不同学习阶段的衔接性

不同阶段的体育学习，其呈现的特点、实际情况等也有所不同，体育教师在选择体育教学方法时，自然需要采取相应的手段，以确保各个学习阶段之间的衔接性。例如，在动作教学过程中，教师要采取有效的办法引导学生从"模仿型"向"创造型"过渡，追求二者的统一。

学生的体育学习过程，是不断了解、掌握体育知识与技能的过程。在学习初期，身体练习以模仿示范动作为主，在形成动作定式后，逐渐摆脱"模仿式"，走向"创造式"。"模仿式"与"创造式"作为前后两个相连的阶段，有明显的区别，也有一定的共性。基于此，体育教师在选择体育教学方法时，要考虑避免二者被替代或被割裂的情形。

3. 加强学生内外部活动配合

学生的体育学习过程是内部活动与外部活动的有机结合，前者包括心理活动、相应的身体反应；后者包括动作质量、情感态度、注意力。内部活动与外部活动相互作用，促成了学生体育学习行为。

注意学生内外部活动的配合，是体育教师选择体育教学方法需要考虑的一个重要方面。通过分析学生内外活动变化，将指导学生外部活动的方法与激励学生内部活动的手段相结合，促进学生体育学习的积极性、主动性，切实提高体育教学效果。

在体育教学实践中，教师需要对各种教学方法仔细分析、比较，围绕校情、学情选择最适宜的教学方法。同时，还需要考虑其他方面，如教学方法的适用内容，能解决哪一类型教学问题以及其所产生的作用，和对学生体育学习带来的积极性。

二、体育教学方法的科学运用

(一) 优化组合体育教学方法

1. 体育教学方法优化组合原则

（1）启发性原则。体育教师无论采取哪种教学方法，都需要调动学生体育学习热情，激励学生学习的积极参与性，以引导学生独立思考、自主探究为出发点，服务于学生德、智、体、美、劳的全面发展。在高校体育教学实践中，组合运用体育教学方法时，要求能培养学生体育学习兴趣，以及良好的科学锻炼习惯，增强学生的社会适应能力。

（2）最优性原则。不同的教学方法在特点、功能、适用范围、作用等方面存在差异，各有优点与局限性。所以，体育教师在对体育教学方法进行优化、组合时，往往会形成不同的综合教学方法体系，各套体系的作用与特征不尽相同。此时，需要结合教学实际情况与学生体育学习、综合素质发展需要，选择最优的那套体育教学方法。具体来说，就是要做到立足体育教学整体，对与教学内容相关的、相适应的体育教学方法加以整合、优化，发挥出体育教学方法体系"1+1＞2"的整体功效。

(3) 统一性原则。高校体育教师在选用体育教学方法时，要坚持"教"与"学"活动的统一，注重教师的"教"与学生的"学"的有机结合，发挥合力作用，为保证顺利开展体育教学活动，实现体育教学目标奠定基础。此外，在教学实际中，体育教师要充分运用各种教学方法，发挥其各自的功能，以调动学生参与体育活动的积极性，促进学生全面发展。

2. 体育教学方法优化组合程序

(1) 明确体育教学任务。

(2) 围绕实际情况提出总体设想。

(3) 对多种体育教学方法进行优化、组合。

(4) 实施优化组合的体育教学方法，并进行评价。

(二) 体育教学方法运用注意事项

1. 综合考虑影响体育教学方法运用效果的因素

在运用体育教学方法之前，体育教师需要就教学方法运用效果的影响因素进行全面分析，如教师自身情况、学生情况、教学条件与环境，以确保体育教学效果。

教师的知识储备、教学能力、人格魅力、语言风格等直接影响教学方法的运用效果。为了增强教学方法的使用效果，教师要转变教学理念，与时俱进，保持自身知识与能力的更新。

作为师生共同参与的活动，学生生情如学习态度、学习能力、身心特点等也会影响体育教学方法的运用实效。为此，教师在教学中要突出学生的主体地位，发挥学生能动性。

在影响体育教学方法运用效果方面，体育教学的物质条件与环境同样是一个重要的因素。所以，高校在注重发挥教学主体作用的同时，应当加大投入，改善体育教学条件、优化教学物质环境。

2.体育教学方法有关理论的运用

体育教学理论是在长期体育教学实践中总结的优秀经验。体育教师在科学运用教学方法时，需要遵循科学理论的指导，在此基础上，组织各项体育活动。不断提高自身的科研能力，积极探索新的、有效的体育教学方法理论，从辩证唯物主义和历史唯物主义、系统论原理、教育学、心理学、体育教学论等内容出发，选择最有益于学生身心发展的教学方式，为构建科学的体育教学方法奠定理论依据。

综上所述，在高校体育教学实践中，体育教师要转变教学理念，更新教学知识与观点。在科学理论指导下，对体育教学方法体系进行新的探索、建构，从而发挥教学方法的整体功能。

第三节　现代体育教学方法体系建设

一、现代体育教学方法体系建构理论依据

体育课程改革的一个重要方向，在于"目标统领教材"，要求在明确教学目标的基础上，筛选相应的体育教学内容。教学内容指教师向学生传授的各种思想、技巧、知识、技能、行为、信念、习惯等的总和。从本质上看，教师教学过程，是学生对丰富教学内容，内化为自我发展成果的过程，但这个内化过程并非自动完成的，需要体育教师运用科学的体育教学方法，引导学生自觉参与到各项体育学习活动中。

新《义务教育体育与健康课程标准》明确提出，体育教学方法的选择，坚

持因时因地因人制宜的原则，围绕地区、高校实际情况和条件，学生生情（运动基础、兴趣爱好、身心特征）等加以确定。过去的体育教学大纲规定了各年段体育教学目标、教学内容比重及考核标准，但忽视了城乡、地区、高校之间的差异，没有做到尊重学生主体地位，忽略了学生运动基础、兴趣爱好等。从教学方法来看，传统体育教学，以教师讲解、示范为主，教学过程单一，"上体育课"成为"看体育"，教学效果不甚理想。

过去的体育课程标准在课程目标、领域目标、内容标准方面进行规定，但对具体内容、比重、成绩评定等未作限制，造成了一定的随意性。新《义务教育体育与健康课程标准》根据体育学习内容性质，划分出五大学习模块（运动参与、运动技能、身体健康、心理健康、社会适应），不同模块有对应的教学内容与教学任务。尽管一些模块的教学任务与教学内容不够具体，但与其他模块有关内容之间相互交织、渗透，建立起"目标—内容"的密切联系——以目标指导内容选择，以内容选择实现目标。此外，体育新课标划分了六级学习水平，根据学生身心发展需要设置了相应的水平目标，做到了遵循教学规律和学生生长发育规律，体现了科学性、有效性。

体育新课标并不是规定具体的体育学习内容，而是提出实现教学目标的内容或活动建议，给予学校充足的自由发挥空间，让高校根据实际条件（设施设备、场地、周边环境等）确定体育教学内容，为体育教师组织教学活动提供指导依据。总之，新《义务教育体育与健康课程标准》划分的各领域和学习水平等级，为高校确定体育教学内容指明方向，体现体育教学自身规律，能够为体育教师选择、运用科学体育教学方法提供帮助，构建起"目标—内容—方法"的体育教学体系。如此一来，各地区、各高校能够结合当地或本校特色、优势资源，自主开发体育教学内容与方法，提高教学的针对性。

二、基于新课标构建体育教学方法体系

开展体育新课程改革，要求转变过去的学生被动接受知识灌输的状况，充分发挥学生的主观能动性，引导学生独立思考、自主与合作探究，倡导启发式、研究式体育教学。新体育课程标准对体育教师提出更高的要求，要做到根据学生实际情况（运动基础、特长、兴趣爱好、个体差异等），组织教学环节，给予学生充足的思考时间和空间，另外，教学内容和教学方法的确定要体现出一定的差异性。新体育课程标准需要与之配套的新的体育教学方法体系，因此，体育教师应当在遵循教学客观规律、技能形成规律和学生生长发育规律的基础上，合理确定体育教学内容，以指导体育教学实践，确保教学质量，实现体育教学目标。具体来说，可以按照新体育课程标准划分的学习领域建构相应的方法体系。

新体育课程标准在划分五个学习领域的基础上，结合学生身心发展阶段特征，划分了六个水平等级目标。在高校体育教学实践中，体育教师要根据具体课程目标选择体育教学内容，采用适当的体育教学方法，以确保各学习领域目标的达成。基于此，各领域目标有对应的水平目标，这为体育教师组织开展体育教学活动提供了科学依据。

第四节　体育教学方法的创新发展

一、体育教学方法创新发展原因

(一)科技进步促使体育教学方法的创新

自20世纪以来，社会生产力得到迅速发展，尤其是新一轮科技革命的开

展，人们进入信息化时代，工作、生活、学习方式发生了翻天覆地的变化。科技进步创造了巨大的财富，并逐渐渗透到生产生活的各个领域，在体育教学领域也扮演重要的角色，推动体育教学方法的革新。计算机、网络通信技术在体育教学领域的广泛应用，使教学实践中的动作示范更加科学、标准，便于学生理解，迅速建立清晰的动作表象。互联网的普及，使有关资料的搜集、整合效率大幅提升，学生的学习打破了时间和空间的束缚，互动渠道呈现信息化、网络化特征。利用计算机对复杂动作技能演示，方便学生从各个角度，以不同的速度对各个环节的动作深入理解，这是传统教学模式下教师的讲解示范无法比拟的。

(二) 体育教学内容变革促使教学方法的革新

随着社会的发展、时代的进步，学生的体育学习需要呈现多样化、个性化的特点，促使体育教学内容改革与调整，从而推动体育教学方法的更新。例如，现代体育教学内容引入了定向运动、野外生存运动，为了确保这些活动开展的科学性、安全性，对相关的组织与教学方法进行深入探索、开发是必要的，直接催生了新的教学手段。

(三) 体育教学理论发展促使教学方法的完善

长期的体育教学实践积淀了丰富的体育教学理论，推动着体育教学方法的创新与完善。在科学的体育教学理论指导下，如"健康第一""终身体育"等，体育教学方法的更新速度加快，也越发合理、可行。在传统体育教学模式下，有关体育运动技能的分析欠缺深入、全面，使体育教师在同一运动项目乃至不同运动项目教学实践中，往往采取相同的教学方法，无论教学内容、教学目标发生怎样的变化，都以一种"以不变应万变"的教学态度采取同一种教学方式，忽视了学生的个性差异、阶段性差异、身心差异等，以统一标准要求全体学生。这种做法产生的教学效果可想而知。

随着体育课程改革的不断深入，关于体育运动项目的研究越来越多，研究的深度和广度越来越大，适应不同运动项目的体育教学方法应运而生，给体育教学活动带来新的活力。

二、体育教学方法创新发展趋势

经过多年的发展、积淀，我国现代体育教学方法逐渐形成了独特的体系，并一直处于动态发展、变化过程中，与传统教学方法相比呈现以下新的趋势。

(一) 现代化趋势

随着社会生产力的发展，体育教学呈现明显的现代化特点，具体表现为教学设备的现代化。体育教师依托先进的技术手段，灵活地组织与实施教学活动，充分调动起广大学生参与体育学习的积极性、主动性，激发了学习的热情，营造了浓郁、宽松的学习氛围。现代化设备与体育教学实践的结合，让体育教师对学生身体素质有一个更全面的了解，在统一性与差异性相结合的基础上合理安排学生运动负荷与休息间隔。在体育教学管理方面，运用现代技术手段改善了学生生活、学习方式，提高了学生学习体育的自主性。

综上所述，随着现代社会的发展，体育教学技术日新月异，在这样的背景下，体育教学方法的现代化趋势势必进一步增强。

(二) 心理学化趋势

根据心理学理论，学习是一个复杂的心理过程。学生的体育学习不仅涉及知识记忆，还涉及动作技术记忆，内容庞杂、形式多样。心理学与体育教学的深入融合，让越来越多的人认识和了解体育学习过程中的各要素和各阶段，对指导体育教学实践活动起到积极的作用。

纵观体育教学发展历程，越来越多的心理学研究成果被应用于高校体育教学活动，在确保活动顺利开展、提高体育教学质量方面起到积极作用。此外，体育教学方法的科学运用，对锻炼学生顽强的品格、培养积极乐观的人生态度、塑造健全的人格和良好的个性起到积极的推动作用。总之，现代体育教学的心理化趋势有利于体育教学目标的达成。

(三) 个性化与民主化趋势

随着科技的发展、社会文明的进步，现代体育教学的民主化、个性化趋势越发明显。在传统高校体育教学中，过分突出教师的主导性，强调教师的"教"，忽视了学生主体地位，没有考虑学生在身心特点、运动基础、兴趣爱好等方面的差异性。在这样的教学情境下，学生体育学习的主动性、积极性不高，学习效果不尽如人意。

进入21世纪，"人文主义"理念兴起，社会更加关注个体的自我发展，加上高校体育教学改革的深入，强调体育教学实践要注重学生的个性发展，这必然要求体育教师采取个性化的体育教学方法，在此基础上引导学生的体育学习，促进学生的全面发展和个性发展。

同时，现代社会的发展使体育教学民主意识崛起，这样一来，民主化体育教学方法必然成为未来高校体育教学发展的一大趋势。

第五章 高校体育课程体系优化建设

第一节 体育课程与课程改革

一、体育课程的内涵

(一) 目的、任务的特殊性

体育课程的目的是提高学生的身体素质，促进学生的全面和谐发展。

学校体育与其他课程的最大不同点在于，其他课程只需要承担一个学科的目的和任务，而体育需要承担全面的教育，包括德、智、体、美、劳，它的重要性不言而喻。从体育的目的和任务来看，它不仅是一门传授知识的课程，也是一门"育人"的课程。

(二) 科学基础的综合性

美国体育学者查理斯·A.布切尔认为，不能将体育仅作为一门学科来看待，应该从哲学、心理学、生物学、生理学等学科角度来分析它的目的和科学基础。我国教育家徐特立认为学校的课程可以大致分为两种——学科和术科，他指出最基本的科目是术科（即劳动科目）。体育和劳动科目都是以"行动"为主的，且都是基于其他的学科，而非基于特定的学科，因此两者是类似的。从课程类型的角度来看，体育属于综合学科，且其在显露课程和隐蔽课程的相互作用上呈显性。

(三) 教学时空的开放性和延伸性

无论是我国还是外国，在当代学校课程的设置中，各级教学计划都包括体育课程，从年级课程层面来看，体育是唯一连续开设的必修科目，有的还会规定课外体育活动的课时数。从空间来看，体育课程除了在校内进行，还能延伸或拓展到校外，如在日常生活中参加的体育运动或锻炼等。

学校体育课程的主要目标是促进学生体能发展和身心健康，它与德育课程、智育课程、美育课程、劳动教育课程相互配合，共同为促进学生身心全面发展服务，是学校教育课程中的重要综合性课程之一。

(四) 对促进智力与非智力因素的特定作用

智力，通常是一个人在认知和应用所学知识时所具有的一种能力。智力因素包括对事物的想象力、实践能力、记忆力和观察力。智力是认识能力的总和，其发展的物质基础在于大脑的发育程度。体育课程中包含了智力教学的因素，例如，学生在完成体育学习任务时，需要综合调动技能活动和脑力活动相互作用。因为运动技术复杂，且各种技术之间都有不同之处，所以，在练习运动技术的时候，需要观察敏锐、判断准确，并具备坚持不懈和共同协作的精神。培养这些能力可以促进高智能的发展。因此，在体育练习中，应该倡导学生独立、自主地练习，以培养学生的观察力，提高其思维能力。

非智力因素来源于人的实践活动积累，如兴趣、动机、自信心等。智力可以定向、维持、强化认识的过程。而体育对人的非智力因素培养至关重要。从发展的角度来看，培养兼具智力和非智力因素全面发展的人，是现代社会对人才的需求。

1. 体育课程对兴趣的培养

兴趣是培养智力最好的途径。体育运动既能培养学生的直接兴趣，又能培养学生的间接兴趣。例如，学生普遍喜欢体育课程中的体育游戏，因为它具备一定的情节和竞技因素，有着较强的直观性和趣味性。通过游戏，既能发展学生的想象力、判断力、创造力等，使其思维活跃，又能促进学生各种感官运动器官的敏捷发展，提高认识能力、接受能力，以及解决问题的能力，为智力的发展提供条件。

2. 体育课程对意志的培养

体育教学是一种将知识、技能、素质、能力、道德、意志等有机结合起来的教学活动，既要求学生具有良好的情感、意志，又要对其进行有效的培养。在体育教学中，学生的情感与意志贯穿教学活动的始终，直接影响综合素质教育的成效。美国的心理学家通过对智力超常儿童的追踪发现，成就最大一组在意志品质，如自信、坚持、有恒心、百折不挠等方面明显优于成就最小一组[1]。这一结果表明：健全的意志力能极大地促进人的非智力要素的发展。体育运动的本质，就是人为设定一些困难和障碍的行为，从而让人们能够在克服并战胜各种各样的内部（生理、心理）困难和外在（环境）困难的同时，养成顽强的意志、坚韧不拔的精神以及能够战胜困难的勇敢。此外，由于体育竞赛中存在强烈的对抗性和胜负非平衡性，因此，也可以培养学生敢于拼搏、坚持不懈的进取精神。

3. 体育课程对动机的引导

在社会对体育运动的各种认知中，存在一种"四肢发达、头脑简单"的误解，事实上，体育学科融合了生理学、心理学和社会学等学科。

体育课的教学内涵是以"情""理""趣"为主要特征的。教师在上课时，应体态优美、仪表端庄。讲授要生动活泼、富有趣味，演示要轻盈优美、准确熟练。在教学内容上，要做到丰富多彩，并且充分激发人的爱美之心，这样才能更好地调动学生的学习积极性。对于学生如何发展持久的爱好，以及如何培

---

[1] 顾晓虎，高远. 大学生心理素质训练教程[M]. 南京：南京大学出版社，2019.

养坚韧不拔的精神，教师要进行适当的教育和引导。例如，一些学生能够在生活困苦的情况下努力地学习，就是因为心中有着一种动力，他们懂得，只有掌握了文化知识，才能够改变自己的命运，改善自己的生活，才能够更好地建设祖国。

人体的生物潜能有助于人们强身健体、娱乐身心。根据科学研究发现，男子在 19 岁前，女子在 12～13 岁前，其速度、力量、弹跳、耐久力等身体素质指标是随着年龄增长而自然增长的，19～22 岁时会出现第二次高峰❶。气候、营养、遗传和体育锻炼都可以影响人体的发育和身体素质，其中体育运动是最为积极和经济的因素。因此，发展体育锻炼对提升国民的身体素质极为重要。

4. 体育课程对性格的培养

有美国学者对近四百年中的三百多位伟人做了一项研究，发现这些伟人有着超群的智力，且在青年时期就形成了与众不同的优良性格，具备自信、进取、坚韧等非智力因素❷。一个人的综合行为可以体现出其性格特征，性格既有先天遗传的，也有后天形成的。体育运动可以促使自我意识不断地稳定发展，实现自我完善，形成性格特质。与此同时，体育活动还通过体育实践及人际交往，帮助个人拓宽视野，提高其才智，树立正确的价值观和人生观。

二、体育课程改革的内涵

体育课程改革是对原有的体育课程进行再设计，它是学校采用教学大纲等形式制定目标，以地区、学校的实际和学生的身心发展特点为依据，重新规划教育内容、学年授课时数的总体计划。

将教育课程视为一种总体计划，从确立课程基础到完成课程规划，是一项不能只靠一个部门的力量来完成的、复杂的系统工程。在编制课程时，各级教

---

❶ 曾理，曾洪林，李治. 高校体能训练理论与训练教学指南 [M]. 北京：新华出版社，2018.
❷ 康宁. 中国高等教育资源配置转型程度的趋势研究 [M]. 南京：南京大学出版社，2020.

育管理机构和各个学校、老师都广泛地参与。进入新时期以来，课程改革的步伐越来越快，各地教育行政部门、基层学校、广大教师都在深入地学习课程理论，开发新的课程计划，以适应新的教学实践需要。

第二节 高校体育课程资源的开发与利用

一、体育课程资源开发与利用的作用

（一）促进体育课程目标达成

对高校体育教学内容进行充分的挖掘与应用，是达到体育教学目的的重要保障，可以帮助高校突破传统的一元化教学理念，建立一套适合高校学生社会化终身体育的教学模式，从而推动新的体育教学内容的落实。它使体育教学中的知识、过程和方法，以及情感态度等多维评价指标得以落实。为学生进行探索性、开放性和合作性学习创造条件。为家庭、社区、社会等层面的新型体育教育资源的发展提供了途径、方法和范本。有利于激发人的体育学科资源意识，增强人们对体育运动的认知，充分发挥社区体育运动的场地与设备作用，扩大校园体育运动的覆盖面，从教育的角度增强校园体育与周围的各系统之间的联系，有助于建立"大教育"理念，建立校园体育运动与终生体育之间的关系。这对探索学校内外体育教育的融合与和谐发展具有重要的理论意义和现实意义。

（二）更好地促进学生的发展

对体育中的课程资源进行合理的开发和利用，有利于提高高校体育教学质量，促进学生成长。对体育课程资源的开发和利用可以拓展体育课程的教育内容，推动体育课程方法的改革。引入新的体育课程资源，将使体育课程教学手

段和教学组织形式发生变化。丰富体育课程资源，对促进当前的体育课堂教学改革起到积极的作用。同时，还可大幅度地提升学生的主体性，使他们的实践能力、学习兴趣、创新能力等得到全新的发展，充分地激发他们的主观能动性。丰富的课程资源有利于培养学生的探索与创新精神。这种开放的、信息共享的特点，使师生摆脱了传统的"主客"或"主动"与"被动"的关系，有利于树立民主、平等的意识和教育理念，将整个教育的过程演化成一种平等的、合作或协作的互动，从而为培养学生的创新意识和探究意识创造良好的基础。

(三) 促进体育教师素质的提高

体育课程资源的开发和利用有助于开阔体育教师的教学视野和提高其教学水平，有利于丰富实践内容，以满足学生的多方面需要，促进其人格、身心和社会适应性的完善，可以充分体现体育教师在教学中的指导作用，因而对教师提出了更高的要求，促使教师不断地学习。体育教师既要对新课标精神进行深入的研究，又要理解新课标的内涵，同时要在教学工作中将新课标付诸实施——既要将运动技能融会贯通，又要将运动技能运用到教学中；既要对各种运动项目的性质、特征有充分的认识，又要能够创造性地运用运动方法。经过一系列的研究与实践，体育教师的教学能力必将得到进一步的提升。

二、体育课程资源开发与利用的原则

(一) 教育性原则

所有课程都具有的共性特征是教育性。体育课程在落实改革纲要的培养学生目标方面，具有其他学科无法比拟的作用，尤其是在对学生集体主义观念、团结协作意识、公平竞争意识、规则意识、坚强意志品质方面的培养，体育学科有着独特的作用。因此，体育课程资源的开发和利用，首先要做的应该是突出资源的教育性特征，充分发挥其全面育人的功能。

(二) 健康性原则

在新课标改革背景下，我国体育教学以"健康第一"为导向，依据以生理、心理和社会适应为核心的整体健康观进行全面的创新。所以，在进行体育课程资源开发和利用的过程中，不仅要全面地分析其对学生的身体健康的作用，而且准确了解其对学生的心理健康、社会适应的影响。在进行体育课程资源开发和利用的过程中，要充分重视其健康性问题。

(三) 兴趣性原则

体育课程中的一个关键思想，就是要"激发并保持学生对体育运动的兴趣"。兴趣是学习的原动力，更是学习的重要保障条件。学生的学习行为和效果很大程度上取决于其感兴趣程度。所以，开发和利用体育课程资源时，要对学生的年龄、生理、心理特点以及学生的爱好、特长、接受能力等进行充分的分析，在具体教学过程中要充分地培养教师与学生的协作与互助精神，营造一种轻松愉快、和谐的课堂教学氛围，确保学生的学习方式具有多样性，这样才能够让学生感受到获得学习成果的喜悦，从而对学习产生乐趣，进而更好地学习并维持学习兴趣。

(四) 发展性原则

发展性原则即体育课程资源的开发与利用要能实现促进学生各项能力发展的目标。注意选取对学生终身体育具有重要影响的基础知识、基本技能和活动内容，保障学生的体育实践能力、身体活动能力、一般运动技能等得到有效培养。把体育的知识与技能看作促进学生身体、心理、社会适应能力全面健康发展的载体，明确学习目标，引导学生积极思考，让学生自己体验和判断教学内容的价值。

三、体育课程资源开发与利用的内容

(一) 人力资源的开发和利用

体育课程中的人力资源主要由体育教师、班主任、校内领导、任课教师、卫生教师、学生、家长以及校外教练、社会体育爱好者、行政机构的体育视导员等构成。他们是重要的体育课程资源。在开发和利用人力资源的过程中，充分调动他们的工作积极性，发挥他们的岗位职能作用，鼓励他们关心和参与体育课程教学改革，以提高体育教学效果。

(二) 体育设施的开发和利用

充分发挥体育器材的多种功能。体育器材的一物多用，不仅节省了重复购买器材的费用，还能根据器材的特点开发其多种功能和用途，可有效解决器材品种少的问题。

其中，常规的设施包括操场、篮球架、单杠、双杠、领操台、跑道、乒乓球台等。常用的器材包括篮球、足球、垒球、跨栏架、乒乓球、橡皮筋、旗帜等。自制或代用的器材包括胶圈、纸棒、饮料瓶、小木夹、课桌凳等。

(三) 课程内容资源的开发和利用

1. 改造和创新传统的教学内容

在继承原有教学内容的基础上予以创新，以"整体健康"为导向，探寻、研究符合学生身心特点的教学内容、要求和方法，从而更好地发挥体育课程教学作用。

2. 发掘有地方特色的运动

从课题研究的层面来看，地方特色运动可以分为两种，一种是已有的运动，在实践中发掘、整理和重现，如打陀螺等；另一种是带有民俗、民风等特征的活动，如竹竿活动等。从这些活动中选择既具有地方特色，又符合学生特点的内容，开展教学实践研究。

3. 引进流行、时尚的课程内容

现代教学最大的优势在于其具有很强的时代特征。在进行体育教学的过程中，要以学生的年龄和身体的发展特点为依据，引入一些流行的、时尚的课程，例如定向运动、搏击、街舞等，以提升学生的身心健康水平和社会适应能力。

4. 自编、自创教材

由于体育课程中的知识和技能具有不确定性，使其在实践中面临很大的挑战和创新空间。在课题研究过程中，要根据学生的身体和心理特点，结合场地器材、教学实际，指导教师可以自行编写教材，以达到对新课程的创新。例如，讲述体育故事、做游戏、自制小器材等。

5. 开发来自学生生活的课程内容

在体育课程中，应突出学生的主体性，关注其身心发展需求。对教学材料的选取与加工，既是教师的工作，又是学生的工作，学生能否"动起来"是教学活动的重心。基于学生的日常生活开发课程内容，可以为学生提供一个发挥想象力的广阔空间。

(四) 课外和校外体育资源的开发和利用

校外体育资源具体包括青少年活动中心培训、体育俱乐部活动、各类假日的体育活动和竞赛等内容。在实践课题研究过程中，要充分利用和开发这些资源，为体育教育和课程的创新发展服务，建立健全"以校为本"的体育课程资源开发和利用机制，并向周围的社会和家庭延伸，使体育教育和课程创新与发展实现良好的循环。

(五) 自然地理资源的开发和利用

我国幅员辽阔，是一个气候、地貌多样的国家，其中蕴含大量的学科课程资源，应该充分地挖掘和利用。例如，春秋游、爬山、定向徒步、自行车慢骑、游泳、滚雪球等。

对自然地理资源的开发和利用,旨在通过研究和分析,开发利用当地得天独厚的自然环境资源来弥补校内场地、器材等条件性资源的不足,使体育课程适应地方需求并突出地方特色。

(六) 体育信息资源的开发和利用

当前,体育教学工作者应积极运用多种信息化手段来获得体育课程资源,实现教学内容、内涵的丰富与创新,提高自身的专业素质。对体育信息资源进行开发与利用时,可以通过校内广播、宣传栏、体育小报等方式,构建体育校园文化;在进行课程实践的过程中,要引导学生积极地利用广播、网络等各种信息媒介获取体育信息,让学生学会如何获取、筛选信息,并树立终身体育的理念。

第三节 高校体育课程目标分析

一、高校体育课程目标的内涵和外延

体育课程目标包括两部分:一是课程总目标,二是学科课程目标。课程总目标是根据体育教学的特点和学生不同阶段的心理发展需要来制定的,它的目的是指导课程计划与教材的编写、教学目标和教学原则的制定。课程总目标既是新课程开发的指南,也是新教材编写的基础,还是新课程执行与评估的基本要求。

从新课改与体育研究理论的不断综合化、细化中,不难发现新一轮课程改革制定的各科课程文件中,"课程目标"被独立出来,成为一项单独说明的内容。由此可见,对与此有关的学术名词和概念进行界定是十分有意义的。要明确课程目标与其他相关概念的关系,就需要明确课程目标的定义、本质与内涵。

课程目标作为学科中的一项重要内容,其目的是通过具体的教学过程,对

学生产生不同程度、性质的影响。在此，结果仅限于最终取得的成果，而非活动的过程。对于"目标"这个词，黄显华教授曾经做了一次深入的分析，他认为，对于目标概念的理解，最恰当的方式是将其体现在射击情境中，要想打中靶子，除了要看射程，还要看难度。所以，目标也包含了一些不确定的因素，在给一些工作设定一个目标时，即使目标近在咫尺，也需要经过一定的努力，方能顺利完成，甚至可能会以失败告终。黄显华教授的这一观点重在说明"尝试"这个想法的意义。而经过尝试命中与事实有一定的差距。目标是那些尚未实现的事情，因此，它不可能是事实；同样，已经达成的事宜和已经完成的工作也不能成为目标。课程目标是通过帮助学生克服某种障碍，以达到特定的要求。体育的课程目标指的是运用多种手段和方式，通过对体育知识和运动技能的教学，让学生的身心都发生各种不同类型、不同程度的变化。

(一) 体育课程目标和教育目的的关系

体育课程的教学目标，就是在教学过程中，最终引起学生产生影响变化的结果。这是体育课程教学的总目标。教育目的是整个教育事业要实现的终极要求，是一种精神需要，是对教育事业的高度概括，是相对不变的。目的概念在内涵上表现为终极性、抽象性。而目标概念在内涵上表现为阶段性、可操作性等。教育目的是课程目标中一个最高层次的概念，课程目标的制定是为了实现教育目的。一般情况下，教育目的在较高水平上运用，教育目的观决定了学校的课程设计和课程目标。在教学实践过程中，"教学目的"这一概念也会被用于突出原则的坚决性和重要性，但是这种概念在抽象性、普遍性和广泛性上与教育目的有着天壤之别。

(二) 体育课程目标和体育课程的关系

1. 教学任务

教学任务即在教学过程中的所有必要活动。例如，制定教学提纲、开展个别辅导等。教学任务的安排与确定都需要以课程目标为导向，也就是说，它是实现课程目标的渠道和方法，即"做什么"或"怎么做"。教学任务与课程目标之间是条件和结果的关系，多个教学任务可以实现同一个课程目标。

2.教学内容

课程目标与所教的内容相关。没有课程目标，就没有教育内容，目标与内容是相互依存的。由于我国体育课程种类和数量众多，因此，在体育教育中，对于选取哪些内容，一定要有一个标准，那就是体育课程目标。按照所教授的内容，开展一系列的教育实践，而所要达到的课程目标就是所教授内容的实施效果。

3.教学过程

课程目标是为了指导具体的教学活动，而教学过程又是为了进一步细化具体目标的教学活动，两者有着紧密的联系。在课程实践中，教师要对课程的目标进行明确和分解；要把目标贯穿于课堂，落实到具体教学活动中，并对目标实现情况进行检验。课程目标与教学过程具有一致性。在"以人为本"的教学活动中，课程目标对课堂活动起到引导作用，教学过程是实现课程目标的必要条件，同时，教学过程具有积极能动性。

对课程目标的有关概念进行分析发现，课程目标和教育目的、教学任务、教学内容、教学过程是不同的概念，它们都有特殊的内涵。

总体而言，课程目标的基本含义为：一是具有较短过程的终结性；二是导向的多样化；三是激发进取的可能性；四是实现路径的曲折性；五是在具体的实施步骤中体现了一定的可操作性。即课程目标具有一定的阶段性，可以划分成多种类型，能够对教育实践起到一定的引导作用，在实施中既有困难也有相应的对策。

二、高校体育课程目标的功能

(一) 定向功能

课程目标对教学活动的成果起到导向和制约作用。课程目标作为教育实践的指南针，发挥着指明方向、指引轨迹、确定结果等功能。在这一过程中，教师需要按照课程目标来制定课堂教学目标，并按照课堂教学目标来进行教学实践。课程目标的确定，既是对教学体系的指导，又是对具体的教学过程、方法和组织方式的确定。在课程目标的引导下，教师制订具体的教学计划，展开教学活动。明确的课程目标可以指导教师如何"教"，学生如何"学"。

(二) 控制功能

确定的课程目标有助于教师对自己的教学活动进行调整。在教学活动实施过程中，教师要不断地关注课堂上学生的变化，持续对相关信息予以反馈，使师生能够围绕着目标进行教学活动的调整。课程目标对整个教育过程具有调控的功能。它是一种制衡的力量，将教师、管理者和学生等各方力量汇聚起来，以达到预设的目的。有了清晰的课程目标，教师就可以把它作为准则，充分利用指导、交谈、评改作业等多种反馈方式来开展教学活动。

(三) 激励功能

目标体现了人的需求，是人的一种观念形式，在需求具有清楚而明确的目的和意识后，将其扩展到人的行为，就构成了动机。因此，在确立课程目标后，可调动学生的学习热情和动机，从而使他们产生实现这些目标的愿望。为了有效地增强学生的认知内驱力、自我提升内驱力和附属内驱力，教师可以帮助学生了解期望的学习效果，理解"成就"的本质，完成有针对性的学习过程，实现对自身行动结果的归因，从而达到认知的提升、自我的提升，获取认可的快乐。在激励理论的研究中，激励作用遵循"激励力＝目标效价×目标达成度"

的定律，目标效价是个体对目标价值的评估，目的达成程度是指目标达到的概率。要想让课程目标发挥最大的激励作用，就要制定与学生的需求一致的目标，让他们意识到自己的努力是有意义的，从而激引他们的学习动力，使他们的学习兴趣得以提升。

(四) 评价功能

课程目标的实现程度是进行教学评价的基础，而评价的先决条件是有明确的课程目标。课程目标是一种预估的教学成果，它是衡量、检查和评价教学活动是否成功和有效的一个尺度和标准。教学是一种由多种要素组成的，又由各种要素相互关联的系统的连续行为，而测量与评价是教育过程中的一个重要环节。既要确认预先设定的课程目标能否达到，也要对其完成程度进行判断，同时要得到调整后的反馈信息，这一切都要以设定的目的为标准。通过对具体行动的描述，可以为教学评价提供科学依据。采用全面、具体、可度量的课程目标来检测具体的行为表现，能够提高测验的效度、信度，从而使教学评价更具科学性。

三、高校体育课程目标定位

(一) 过程与目标

课程目标是教学过程的先导，总课程目标可以细化为教学过程，两者的关系极为密切。要将目标贯穿教学过程的始终，切实落实目标，检验目标的实现程度。课程目标的实现需要以教学过程为基础。在制定体育课程目标时，要避免课程教学重结论、轻过程的情况。过程和目标的概念有着本质的区别，不能将过程当作课程目标，更不能用过程来取代教学目标。

(二) 知识、技能和能力

知识是通过实践、研究、联系或调查得到的对某件事情和某种状况的认知，是对科学、艺术及技术的了解，是人们累积的有关自然及社会的认知与检验的总和。

技能是对所学知识或掌握动作的熟练程度，技能的学习可以分为模仿、学会、熟练等层次，更高层次的技能被称作"技巧"。根据其本质，可将技能划分为隐性的智力技能和显性的动作技能。

能力是个体在参与某项活动时必须具备的一种人格心理特性，它可以分成两类：一类是可以用成绩衡量的外显能力，另一类是还没有展现出来的心智潜能。

知识、技能与能力之间存在紧密的联系，但是三者之间的概括程度各不相同。"知识"是对经验的概括，"技能"是对行为模式的概括，"能力"是对调节认识活动的心理过程的概括，是一种较高层次的概括。但是，它们之间也存在一定的关系与转换，能力是获取知识与技能的先决条件，而知识与技能是能力生成的依据。三者有着紧密的联系，但又不是同一层次的内容，因此不能混淆。

(三) 方法和方法论目标

在人类理解世界的过程中，科学的研究方法与方法论是一种重要的理论与实践工具。方法和方法论种类多样，体育学科也有着其特有的方法与方法论。在《全国普通高等学校体育课程教学指导纲要》中，在基本层次的运动技能目标中，提出熟练掌握两项以上健身运动的基本方法和技能。能科学地进行体育锻炼，提高自己的运动能力。掌握常见运动创伤的处置方法。这里所说的"方法"，是指可供实践应用的方法，而非方法学中所说的方法。在课程目标体系中，方法与方法论应该作为一个层面的教学目标来考虑。

(四) 知识与技能、方法与能力、情感态度与价值观各层面的目标

在构建课程目标体系的过程中，应当将知识与技能、方法与能力、情感态度与价值观看作一个层次的目标，这与更深层次的教育理论问题和教学实践问

题有关，与怎样认识各个层次课程目标的本质特征和彼此之间的关系有关，与怎样对体育课程的教学活动进行评价有关。

《国务院关于基础教育改革与发展的决定》提出，要在重视教授学生基础知识和基础技能的同时，注重学生情感和态度的培养，这体现了不同层面的课程目标之间的关系。课程教学改革要重视情感态度目标。本杰明·布鲁姆是一位教育目标分类学者，他认为在一门学科中，一般情况下，知识是课程中的基本教育目标，而某些情况下，它又是一个学科中的唯一目标。对于大多数课程来说，学习是最关键的，或者说是最基本的目标。开展知识教育的另外一个原因是，它经常被看成其他教学目标、宗旨的基础，所以，不能脱离实际思考或解决问题，需要基于"现实"的知识。

"知识本身就是一种最普遍的教育目标，这是需要引起足够注意的。"❶显然，知识与技能都是第一层面的目标，这是掌握知识的基本条件，也是获得能力的必要条件。在教学中，学生的方法和能力都是第二层面的目标，其概括性高于知识与技能。知识是对经验的总结，而技能是对思维和行动的概括。在学习中，方法指的是一般规律知识的概括，而能力指的是个人的心理特点。

研究的方式分为两种：一种是普遍的对自然界、对人的思想进行研究的哲学方法；另一种是应用于特殊学科的特殊方法。但是这两种方法都超过了普通的知识概括层次。所以，方法和能力都是第二个层面的目标。第三个层面即情感态度与价值观，它的本质是人生观、世界观和价值观的问题，属于最高层面的目标。情感态度与价值观层面目标具有政治性、开放性等特征。

每个层面的课程目标的逻辑关系是固定的。第一层面是基本条件，第二层面是手段，第三层面是内在动机和价值观。高层次的目标只要达到了，就会比

---

❶ 王喆，黄娟，杨晗，等. 基于认知科学的虚拟现实系统应用与教学实践：以VR智慧仓储实务实训系统为例 [J]. 物流科技，2023,46(5):168-172, 181.

较稳定，可以维持很长时间。不过，由于实现最高层次目标过程中有很大的可变性，所以早期达成的情感态度与价值观也会有所改变。

知识与技能、方法与能力、情感态度与价值观是有差别的，但也存在相互依赖和相互转化的关系。在实际教学工作中，要将它们分开是很困难的。在教学过程中，一定的情感态度与价值观始终贯穿于教育过程。课程改革应重视培养学生正确的价值观念和积极的学习心态。

高校的教学目标是为各行业培养具有科学基础、过硬的动手能力，以及具备必要的人文素养的专业人才，以满足不同岗位的需求。

毕业生在离开学校后，进入相关行业，其任务是将已有的技术、原理转化为实践能力，并在转化过程中解决各类现实问题。技能实质上是对人类行动操控的过程，包含外在的身体活动（运动技能）与内部的思维活动（智力技能），是一种程序型的知识。身体活动是体育课程教学中最重要的一项内容，也是学生掌握和发展运动技能的重要途径。高校体育教学的技能培养特点，显示出高校体育课程改革的发展趋势。

四、高校体育课程目标的来源

(一) 学生成长的直接需求

教育是有针对性地、系统地、有计划地对人进行训练的一种社会活动。联合国教科文组织总干事马约尔认为，人是发展的首要因素，也是发展的最终目的。不管教育时期、教育类型、教育课程、教学情况如何变化，都应该满足人们自身的生存和发展需求，以推动人的自由、全面发展为教学活动的核心。所以，学生的需求是高校体育课程目标的根本源泉。

学生的需求具有复杂性。第一，学生的需求是在不断地变化、生成、发展和提升的；第二，具有年龄阶段性和个体差异性；第三，从时间的角度来说，又分为现在的需求与将来的需求；第四，大部分的需求都是自己可以主观清楚地认识到的，也有一些需求是自己无法认识到的，需要教师或者其他人的帮助和引导，才会形成一种自觉性的需求；第五，就个人需求而言，在学生的发展中，他们既要增长知识、提升能力，又要发展情感、意志、态度、价值观。所以，学生的需求复杂的。

泰勒（Tyler）认为学生的需求可以分为健康的需求；社会关系的需求，包括家庭、亲朋好友的关系；社会公民关系的需求，包括在学校和社区的公民生活；消费生活的需求；职业生活的需求；娱乐生活的需求。马斯洛将需求分为生理需求、安全需求、归属和爱的需求、尊重的需求、自我实现的需求。

从高校体育课程目标层面来关注学生的需求，不是在课程目标中满足不同学生的多种需求，而是要从学习内容、时间、学生的个体差异的维度来考虑学生的需求。

（二）社会发展的实际需要

社会发展需要即社会政治、经济、文化和科技发展对学校体育的要求。学校体育应与德育和智育相结合，以培养全面发展的人才。学校的体育教育目标是以培养有道德、有理想、有文化、有纪律、体魄健康的社会主义时代新人。学生作为独立的个体，最终会融入社会成为社会人，学校教育的主要任务是提高学生对社会的适应性。社会发展的需要体现在个人发展的需要上，满足、促进学生的发展与满足社会的发展需要在一定程度上是统一的。个人发展与社会发展具有某种一致性。如果社会发展良好，则会对大部分的人发展有利；如果社会发展不佳，则会不利于大部分人的发展；如果大部分人的发展较好，则会有利于社会的发展；如果大部分人的发展不佳，则会不利于社会的发展。所以，实际上，个人的良好发展能促进社会的积极发展，而社会的良好发展能促进大部分人的良好发展。

现代社会要求人才体魄健康、心理素质过硬、有较高的智力水平和协作精神。体育课程的主要内容是发展个体的身体素质，对培养符合社会身体条件需求的劳动者发挥着积极的作用。

五、高校体育课程目标的价值取向

(一) 以学校体育向社会体育的转化为立足点

因为高校体育课程是由学校体育过渡到社会体育的特殊阶段，所以，高校体育课程相对于中学体育课程层次更高。

在初中阶段，体育课程主要是传授学生在学校体育课及生活中常见的运动项目技术，让学生运用运动技能来满足自己进行身体锻炼的需要。高中阶段，体育课程内容主要为竞技性运动项目、体育保健教学等。在大学阶段，高校体育逐渐向生活体育、娱乐体育、体育文化方向发展，以培养学生参与运动的兴趣和发展体育锻炼的能力为主。大学体育课程教学内容应侧重于教学生活中能接触到的，在毕业后也能参加的社会性体育内容。总的来说，初中体育主要培养学生掌握常见的运动技术和锻炼身体的方法；高中体育主要包括竞技体育和健康教育；大学体育的主要内容是生活体育和娱乐体育，旨在培养较高层次的体育能力。

因此，高校体育课程的目标不能仅对基础体育课程目标的重复，更不能直接套用大学体育的课程目标。从培养终身体育能力和从学校体育到社会体育的转变出发，高校体育的课程目标应突出"高层次"的体育能力。

(二) 以协助提升学生的职业能力为追求

高校教育既是一种高等教育，又是一种职业教育，它的本质是一种"职业性"的教育。高校学生应具备较强的综合职业能力和全面的素质，能够直接从事生产、技术、管理等方面工作。高院的办学目标是为国家和社会培养高素质的人才；注重培养学生的专业技术能力及综合素质；提高学生的综合能力，这是大学教学工作的核心。为了更好地为学校教育服务，而不是充当附属品，高校体育要突出应用性和实用性，使学生的体育能力和整体素质协调发展。

只有拥有健康的体魄，才能积极地工作、生活。学生要想学好专业知识，提高自己的整体水平，就需要有一个好的体质作为基础。加强锻炼才能使自己的体质得到充分的提高。要想成功地获得一门学科的专业技能，就需要培养一些对该特定专业最关键的身体能力。这种专门的教育过程就是实用的身体训练。实用的身体训练有助于补充和改进对学习活动有益的运动技能储备，强化和发展对学习劳动具有重大意义的身体能力，保证身体活动水平的稳定，增强人体对不良的劳动环境的承受力和适应性，从而维持并增强未来劳动者的健康状况。运用符合一般体育及竞赛运动特征的各类体能锻炼，是实用性体能锻炼的基础方法，将会直接影响特定的学习行为的成效。因此，高校体育课程为提高大学生的整体素质提供了良好的基础。

第四节 高校体育课程设置与学习评价

一、高校体育课程设置

（一）美国高校与中国高校体育课程教学比较研究

1. 美国高校体育课程教学概况

美国高校的体育课程教学以俱乐部制度为主。学生可以自由选择体育锻炼的项目；教师会事先对学生的需求、兴趣等进行调查、了解，然后设立各种类型、内容的体育运动科目。

在体育课程活动开展的过程中，注重学生参与的过程，强调学生通过体育锻炼获取一定的情感体验。重视校内外、课内外一体化建设。体育教师主要通过招聘任职，学校对其的管理严格，注重教育实质与学生的满意程度，对教师的教学效果进行评价，决定是否聘用主要取决于其受学生喜爱的程度。

2. 中国高校体育课程教学概况

目前，我国高校体育课程教学状况如下：课程类型多种多样，内容丰富，结构合理；教学能力有显著的提高。体育素质课的课程设置较为细化，体育基本课程侧重于理论联系实际，体育选修课侧重于根据实际情况进行针对性的指导；体育选修课侧重于"学以致用"的教学方法，体育基础技能课侧重于运用多媒体技术提高教学的实效性。师资队伍建设完善，一大批优秀的教授、专家、外教不断涌现，师资队伍的整体素质不断提升；实践教学内容丰富，体育特色课程作用得到了很好的发挥，体育馆、游泳池和运动场的利用率较高，投入也较大；学生积极参与各种体育竞赛，对促进我国高校体育教育事业的发展具有重要意义。

(二) 高校体育课程设置体系分析

通过对高校公共体育课程分析发现，我国高校体育课程设置体系以选修课为主，如图 5-1 所示。

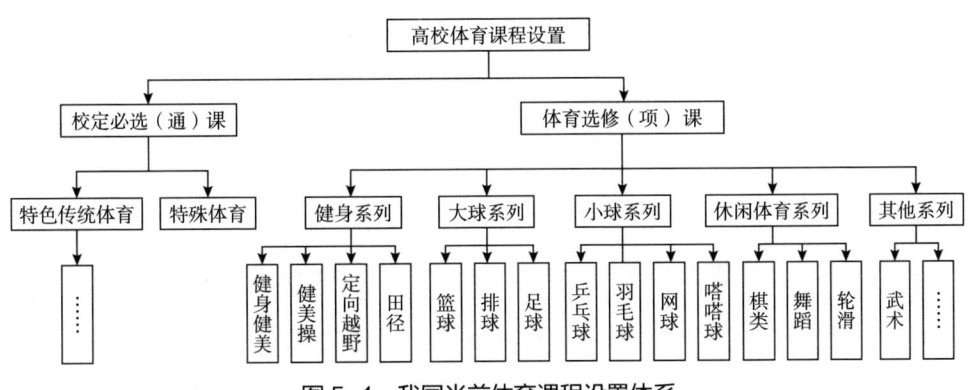

图 5-1 我国当前体育课程设置体系

（三）高校体育课程设置模式分析

1. 体育选修课模式和必选课模式相结合

目前，我国部分高校在大学一、二年级将体育选修课作为主体教学模式，例如，清华大学在此基础上设置了校定特色体育必选课，并专门制定了考核标准，要求所有学生都要通过考核。浙江工业大学要求每个人都能达到"十二分钟跑"的测试标准，校领导极为重视体育课程的建设和发展。运用体育选修课和校定特色体育必选课模式的前提，是要配备较为充足的体育师资力量，以及学校财政支持，保障教师的工资待遇，这样，学生的体育基本素质、体育锻炼意识才能得到更好的提高。

2."完全教学俱乐部"模式

"完全教学俱乐部"模式即以学生的业余学习兴趣、爱好为依据，建设体育课程俱乐部，学生可以完全自主选择体育运动项目、体育运动实践内容和体育教师，与此同时，将这一模式逐渐向外延伸至课外体育俱乐部。一般而言，这种模式运用了指导制，是教育制度中的完全学分制。这一模式的应用前提是要具备条件较好的体育场馆设施，具有一定的吸引力，学生具备良好的体育基本素质、较高的体育锻炼积极性、体育学习习惯和体育能力。这种模式能充分保障体育课程的教学时间，在师资结构完善且专业的情况下，可以充分满足学生体育学习需要。

3.体育课程俱乐部模式和体育选修课模式相结合

我国有部分高校建立了校内网上自由选择体育课程、时间和教师的体育课程俱乐部模式。在体育课程俱乐部模式下，课程活动的开展仍然采用班级授课制，而且在体育课程管理上仍然沿用选修课或必修课的形式。从其本质来看，这一模式介于完全教学俱乐部模式和体育选修课模式之间。在应用体育课程俱乐部模式时，要求具备一定的体育师资力量和项目人群储备，要突出学生的选择权，同时还要有体育课程专门选课系统的支持。需要注意的是，它与完全教学俱乐部模式相比，对体育课程的硬件设施要求较低，在课程的选择上，受到课程设置模块、课程授课时间和师资力量的制约较大。

4. 体育基础课模式和体育选项课模式相结合

我国一些大学已确立了一年级的基础课、二年级的选修课，或一学期的基础课，二、三、四学期的体育选修课模式。一般来说，体育基础课程的授课模式通常为行政班级方式，而体育选项课是根据实际报名选取，对班级进行编制。该模式更加突出体质发展的重要性，有助于开展校定特色体育与某些传统体育运动项目的教学与考核，也有助于体育课程的组织管理工作的全面开展。

5. 体育选修课模式和体育课程俱乐部模式相结合

这里的体育课程俱乐部模式包含了职业实用性体育内容。我国一些高校建立了该课程模式，尤其是在高职类院校，以二年级的选修课程和"准职业"岗位需要的特殊体育能力与素质为基础，培养学生的专项运动技能和身体素养。该模式突出了高校体育课的实用性，以就业为导向，以"准职业"人才岗位所需要的特殊体育活动能力和体育素质为主要培养目的，是一种全新的教学模式。

二、高校体育课程的学习与评价

(一) 高校体育课程的学习

1. 体育学习的过程

（1）体育知识和运动技术的学习过程。以美国心理学家加涅的信息加工学习理论为依据，可以将学习的过程分为感知、记忆、反应等环节。

①感知。在课上，教师用演示等直观的方法，对技术动作进行展示，并对其进行讲解，在此过程中，学生利用自己的视觉和听觉，将其转化为神经信息，

再将其输入感觉登记器中，有些信息被记录、保留下来，有些则被忘记。

②记忆。通过感觉登记器被记录下来的有关技术动作信息很快就会存储为短时记忆，后通过信息编码成为长时记忆。信息被编码，就是在短时记忆中存在的知觉动作印象转化为动作概念、要领和动作表现等。

③反应。当学生被要求做出该技术动作时，会在长时记忆中检索和提取该动作的概念和要领，从而做出该动作。也就是学生已经掌握了某一种技术动作，证明确实已经进行了学习。

(2) 体育知识与运动技术的学习阶段划分。学生的每个具体、完整的学习活动过程都可以分为八个阶段。

①动机。当学生具备学习动机时，就会将学习行为与学习目标统一起来。

②领会。学生对所学的体育知识和技术进行了注意和选择性知觉。

③习得。就是将信息重新编码。例如，将短时记忆中的技术动作的视觉印象转换为动作的要领、顺口溜、动作表象等。

④保持。学生把学习到的和经过编码的信息以长时记忆存储起来。因为新旧信息相互影响，要想保留更多的信息，就需要强化动作技术的重复。

⑤回忆。即检索或提取长时记忆中的内容的过程，这个过程通常需要外部的环境提示或情境刺激。

⑥概括。概括阶段是学生提取已经掌握的信息的过程，并非仅在最初学习信息的情境中，而是将其运用到类似的情境中。

⑦作业。通过作业(反复练习)可以反映学生是否已经习得所学习的内容。

⑧反馈。当学生知道他的学习行为已经达到预期后，就完成了学习过程。学生在学习过程中，可以看到自己的行为所产生的影响，从而获得反馈。当学生以掌握某种体育技能为目标时，他们就会对自己所表现出的体育技能给予反馈。

2.运动技能的形成过程

(1)认知与定向阶段。即感知、加工和编码所学的动作，促使其形成动作表象，并将这个信息存储下来，以便模仿、尝试。在这个阶段，学生的表现通常会有以下特征：对运动技能的基本要求有了初步的理解，能掌握运动技能的主要动作或部分动作。注意的范围较为狭窄，精神和全身的肌肉处于紧张状态，动作较为慌乱，无法察觉自己的动作情况和错误之处。

此阶段的教学方法有模仿练习、分解练习、突出重点、降低难度等。

(2)练习阶段。学生通过不断练习以及对动作深入的理解，其知觉过程逐渐完善和准确，注意的范围日益扩大，肌肉的运动感受不断提升，过度的肌肉紧张现象逐渐减少，动作逐渐准确、稳定、灵活，速度逐渐加快。

此阶段的教学方法有完整练习法、变换练习法、负荷量大的重复练习法等。

(3)熟练阶段。在这个阶段，学生整体已经形成了一个运动技能的动作系列，动作结构较为协调，动作过程中的视觉控制逐渐转变为动觉控制，动作完成主要靠感受器的反馈机制来调控，意识逐渐退出对动作的调节和控制，完成的动作较为流畅、协调，达到熟练阶段。

此阶段的教学方法为变化练习法。

3.高校体育学习的评价

(1)体育学习评价的内容。主要从四个方面来评价体育学习。

①知识与技能的评价。包括对体育的认识、体育知识和方法的掌握运用、专项运动技能的掌握运用的评价。

②学习态度的评价。可以从是否能主动参加体育活动、是否能主动思考并为实现目标而反复练习、是否能将所学的知识和技能运用到体育活动当中、是否能积极参与健康的体育活动几个方面评价。

③情意表现与合作精神的评价。学生的情意表现评价可以从是否能战胜自身胆怯，自信地参加体育活动；是否能利用体育活动来调节自己的情绪等方面

评价。学生的合作精神则可以从能否理解并尊重他人,在体育课程活动中能否与他人进行良好的沟通与合作,承担自己在小组学习中的责任,展现出负责任的社会行为方面评价。

④健康行为的评价。对健康行为的评价可以观察学生是否有较好的生活习惯;是否注意维护个人卫生与公共卫生。

(2) 体育学习评价的方法。

①定性评价与定量评价相结合。定量评价方法通常适合测量与评价能计时或计量的外显行为,如对学生的体能水平或运动技能作出评价。而学生的学习态度、意志品质等难以用定量评价来衡量,只能用定性分析的方法来评价。

②终结性评价与过程性评价相结合。终结性评价通常用于体育课程学习结束后的评价,例如期末的考核等。过程性评价则是为了促使学生的学习效果不断优化,而对学生学习的各个阶段进行的评价,帮助学生了解自己的学习情况和存在的不足,通过反馈促使其对自身的学习进行及时调整,从而帮助学生实现有效学习、不断进步。

③定期性评价与经常性评价相结合。定期性评价是由各教学科室联合开展的集体听评课活动,并进行经常性的例行检查。所谓经常性评价,即对教师个体进行的经常性活动进行评价,促使教学评价充分发挥作用。

④绝对性评价与个体差异性评价相结合。在对学生的体育成绩进行评价时,通常会与社会参照标准进行比对,结合学生的学习态度和行为进步等情况,而评定其成绩。个体差异性评价可以帮助学生清楚地看到自己的进步,有助于学生建立自信心和自尊心。

(二) 高校体育课程的评价

1.高校体育课程评价的基本含义

(1) 体育课程评价需要从符合体育课程目标与体育课程的原则出发。通过对课程目标进行评价，可以检验体育课程预期效果和目的是否可以实现；而体育课程评价可以检验体育课程实施是否合理，是否符合体育课程的基本要求。以上两种评价既具有某种规范和客观的性质，又具有对教育评价的信度和效度。

（2）体育"教"与"学"的过程和结果是体育课程评价的对象。体育课程评价的主要对象是学生，评价的内容是学生的学习水平和品德行为；同时，也会对教师的教学进行评价，主要评价内容是教师的教学水平和师德行为。

（3）价值判断与量评工作是体育课程的工作内容。价值判断是一种质性评价，通常是评价体育课程教学方向是否正确、是否贯彻实施教学方法；而量评工作是量性评价的一种，通常评价可以量化的学习成果，例如，对身体素质水平的提升或技能掌握的数量进行评价。

2. 高校体育课程评价的功能

（1）导向功能。评估标准就像一支"指挥棒"，发挥着指导的功能。不同评价标准会导致评价效果不尽相同。评价后的反馈指出体育课程决策和改善的发展趋势，若实践得到认可，则会在体育课程中得到加强；而一旦被否决，就需要作出相应的调整。

（2）诊断功能。体育教师可以借助体育课程评价，科学、客观地了解体育课程的质量，发现体育课程的成效和不足。体育课程评价，就如同对学生进行体检，可以对体育课程的现状进行科学、严谨的诊断。全面的体育课程评价，可以对学生的成绩、达到体育课程的目标进行全面的评估，也可以促进教师帮助学生诊断学习困难的原因，帮助学生进一步提升成绩。

（3）调控功能。体育课程评价，可以向体育教师和学生提供反馈，让他们可以及时地掌握体育教学和学习的状况，并且可以根据自身实际需要，进行体育课程活动内容与形式的调整。通过对体育课程最终结果的评价，教师能够修改体育课程计划，改善体育课程教学方法，而学生能够调整学习策略，转变体育学习方式。体育课程评价，可以促使体育课程过程向随时可反馈、调节的可控系统转变，从而缩短体育课程活动与预期目标之间的学习距离。

(4)激励功能。在体育课程中，体育课程评价起着监督与控制的作用，可以提升体育教师的教学能力，促进学生体育能力的发展。科学、合理的体育课程评价，不仅可以让体育教师与学生获得心理上的满足与精神上的激励，还可以让他们产生向更高目标努力的动机。即使是不够高的评价，也可以启发思考，激发体育教师和学生的进取精神，从而达到激励和推进的效果。这样的反馈有助于体育教师和学生更好地了解自身，从而更好地提升体育课程的质量。要充分发挥体育课程评价的激励作用，尽量给予学生积极的鼓励，以免打击他们的积极性。在进行日常评价时，要注意避免学生相互对比，要帮学生制定自己的进步目标，让他们在每次参加体育活动的时候，都能感受到自己的进步。

3.高校体育课程评价的类型

(1)体育课程的绝对评价。在体育课程中，绝对评价是根据体育课程的目标对体育课程的设计方案、教学成果进行评价。这种评价方式在被评价的集合和群体之外，构建出一个体育课程评价的基准。以某些指标为依据，将集合或群体中的每一个成员与该基准进行一一对比，从而对成员的优劣展开判定。在一般情况下，以体育课程的课程标准、课程具体实施方案和相应的评分规则等作为依据。

体育课程的绝对评价的优点在于具有相对客观的评估准则，所以，在体育课程评价中，通过恰当地应用这种评价方法，可以确保每个被评价者都能知道自己与目标之间的差异，从而促进他们朝着目标的方向努力。另外，体育课程管理部门可以通过体育课程的绝对评价直观地了解体育课程各个目标的达成情况，并确定下一步的教学重点。但需要注意的是，在制定和把握评价标准的过程中，需要尽力避免影响被评价者的原有经验和主观意志。

（2）体育课程的相对评价。即在被评价者的集合或群体中，设立一个标准，然后将被评价者与这个标准进行逐一比较，从而了解集合或群体中每一个成员的相对优劣。体育课程的相对评价以群内的均值为基础，以被评价者在群内的位置为依据进行判定。体育课程的相对评价优点为应用面广、可筛选性高。也就是说，不管群体的整体水平是什么程度，都可以比较出成员的优劣势。

（3）体育课程的自身评价。将被评价者从不同的侧面、过去与现在进行横向对比，对自己的各项能力进行评价，确定自己的进步情况。这种评价方式的优势是它既尊重学生的个性特征，又关注学生的个体差异。通过比较被评价者全部或部分的方面及每个阶段，从而得出其现状与发展趋势。但是，在同一情况中，没有将群体或集合中的被评价者之间作对比，因而难以判定他们的真实水准和差别。所以，在体育课程评价的实践活动中，应当将相对评价和自身评价密切地结合起来。

（4）体育课程的诊断性评价。诊断性评价又称前置评价。在进行一项体育课程活动前，例如在进行体育课程设计时，应当对学生的智力、体能等方面的状况进行摸底测试，以便了解学生的真实状况与实际水平，判定其是否符合体育课程目标实现的基本条件，为体育课程的决策提供一定的理论基础，确保体育课程活动与学生的背景、需求协调发展。

所谓诊断，是一种广义的概念，它不但可以发现问题，还可以发现各种长处和天赋。所以，体育课程的诊断性评价的终极目标，是制订出既符合起跑线、学习风格不同的学生的需求，又在体育课程中有利于他们发展的课程设计方案。

（5）体育课程的形成性评价。在体育课程实践中，形成性评价可以促进提升教学效果。这种评价方式，可以及时掌握和反馈阶段性设计成果和教学成果，以及学生的学习进度、存在的问题等，进而不断地对体育课程工作进行调整和改善。在每一个知识要点的练习中，在每一节课结束时都要进行形成性评价。作为一种重要的评价方式，形成性评价通常用于方案试点阶段，主要目标是积累有益的依据和对方案进行修正。就提高体育课程的质量而言，要重视形成性评价的作用。

（6）体育课程的总结性评价。在体育课程中，也称其为后置评价，一般是指在体育课程活动结束后，对体育课程最终产生的结果进行评价。例如，在一学期即将结束时，体育教师会对学生进行考核，以检验学生的学习成果，确定学生是否达到了体育课程目标的要求。体育课程的总结性评价为了确定被评价者获得的成果、区分等级，以及判断课程方案的整体价值，突出体育课程中的"教"与"学"的结果。

（7）体育课程的过程评价。对实现教学目标的手段和方法进行的评价称为过程评价。体育课程的过程评价主要是检查实现目标的手段和方法的使用情况。例如，在达到某个教学目标的过程中，游戏法和竞赛法哪个更有作用；对于某一项技能的学习，究竟是由学生自己探索发现的，还是在同伴的讨论与合作下进行的。所以，实施过程性评价，要么在体育过程中进行，要么在体育课程设计过程中进行。体育课程的过程评价既可以推动形成性评价的不断修订，也可以推动在体育课程进程中针对时间和学生接受程度等进行终结性评价。

（8）体育课程的结果评价。结果评价是指对体育课程活动具体实施之后所取得的效果进行的评价。例如，针对某个体育课程计划的执行成效与某个辅助教育设施的利用价值进行的评价，就是结果评估。

（9）体育教学的定性评价。体育教学的定性评价，是指对评价材料进行"质"的分析，运用综合与分析、分类与比较、演绎与归纳等逻辑分析方法，处理获取的信息与数据，然后对其进行定性描述的评价，一般会有两种分析结果：

一种是描述性材料，具有较低的数量，甚至根本不具有数量概念；另一种是与定量方法组合而成的，包括数量化，但主要是描述性的材料。

（10）体育教学的定量评价。即对评价资料进行"量"的分析，运用统计分析和多元分析等分析方法，对所得的资料进行量化评价。考虑到在体育教育中人的因素所涉及的领域相对广泛，不同的变量以及它们之间的交互影响具有复杂性的特点，所以，为更好地反映这些数据的规律和特性，应当通过定性评价对定量评价的范围和方向进行限定。

4.高校体育课程评价的内容

（1）对课程本身的评价。包括对课程编制理念、课程目标、课程结构、课程内容的评价。

①课程编制理念的评价。评估一门学科的课程编制的理念，就是评估一门学科的价值观。因此，评价工作是关系整个课程改革的一个关键环节。对课程编制理念进行评价时，要注意课程改革的基础要与一定的社会价值观、当代的教育理念、社会和受教育者对教育的客观需求相符，且要对新课程理念和原有课程理念进行比较，区分其优劣势。

②课程目标的评价。课程目标的评价需要考虑三个方面，第一是课程目标与培养目标的一致性，课程目标需要符合学校教育培养的目标，应包含在学校培养目标范围之中。第二是课程目标的表述，在新体育课程改革中，运用了大量的行为目标表述方式，避免表述不确切而导致实施缺乏依据的情况。第三是课程目标的实现可能性，在学校的教育与教学活动中，课程目标应该是切实可行的，它与学校的客观基础一致，具有客观条件保障，能够被教师所理解和接受，并能落实在具体的教学工作中。

③课程结构的评价。对课程结构的纵向评价可以从以下方面进行：第一，传统的课程结构评价是检验教学计划、学科教学大纲和教科书之间安排的合理

程度，而现在的课程结构评价是检验基础教育课程改革纲要、体育课程标准和教科书三者之间的安排合理程度。体育课程作为必修课程之一，需要遵循三级课程管理(国家、地方、学校)体制。第二，三级管理体制落实国家的课程标准，因此，它需要有制度依据以及运行机制的实施保障。第三，新课程标准规定，普通高等学校一、二年级体育课每周为2课时。

对体育课程结构的横向评价主要从两个方面入手，一是看不同学制阶段的课程类型选择是否合理；二是看不同学制阶段的教材分类是否合理。

新课改后，地方尤其是学校有较大的对课程结构进行决定的权力，但从总体来看，课程的总体结构还是由管理机构决定的。所以，在进行课程结构评价时，要依靠学术团体、学校领导、体育教师等多方面的渠道，广泛收集公众的意见，从而改进、完善其体制和运行机制。

④课程内容的评价。课程内容的评价主要包括课程内容是否符合课程目标、课程价值取向、对课程目标的实现作用等。这些都要在实际情况的基础上进行全面分析。

(2)对学生"学"的评价。在对学生进行评价时，第一是将评价内容和课程目标结合起来，既要对学生的体能和运动技能进行评价，也要对学生的学习态度、习惯养成和情感等方面进行评价。第二是运用丰富多样的方法和手段进行评价。针对学生的学习评价，应该采用多种评价相结合的方式，重视学生的个体差异，对学习过程进行评价。第三是要丰富评价主体，学生是学习的主体，对学生的评价除了教师评价外，还要重视学生本人的自评。

在新课程标准中，对学生的学习成绩评价进行了界定，即对学生的学习表现和所达到的程度进行的判定与级别的评判，突破了传统学习评价仅限于学习成果的状况，体现出学习评价侧重点的转变。

(3) 对教师"教"的评价。

①教师的教育理念及教学指导思想。当前，体育教师应该首先具备"素质教育"和"创新教育"的指导思想以及"健康第一"的教学理念。

②教师的职业道德、教学能力和科研能力。体育教师应该对学校的体育教学有一种乐于奉献的态度，对学生有一种关爱和尊重的态度；应该能够较好地把握教学大纲、课程标准及教材，还要具有一定的创造力，不被教学大纲、课程标准及教材所限制；应该具有较强的研究能力。

③体育教师的体育运动基础。体育学科以技能学习为主，因此，体育教师要具备一定的专项运动基础。评价体育教师的课堂教学可以从教学目标的实现、教学内容、教学技巧、教学结果等方面切入。

(4) 对课程实施及条件的评价。新课标指出，该评价应主要从以下方面进行分析与评估。

①课程规范性文件的制定，包括这些规范性文件的完善程度。

②课程及教材的审查管理制度以及课程评价制度的建立，包括这些制度的实施情况。

③课程体系、课程结构的完善程度和课程内容的先进性。

④教材建设评价，包括教材建设的完善程度，教材在使用中的优点和不足，教师、学生和学科专家对教材设计和编写的反映等。

⑤课程实施的保障情况，包括合格的师资配备、师资培训、场地器材和经费方面的保障情况等。

⑥课程目标的达成度。

5. 高校体育课程评价的模式

(1) 目标达成模式。即评价是以目标为导向的模式，这种模式是由美国教育学家拉尔夫·泰勒创建的。这种模型要求用明确、具体的行为来表述目标，通过评价发现实际的学习效果和课程目标之间的差异，并根据发现的差异信息，对课程计划或目标进行修正。该方法简洁、明了，可操作性强，效果显著，已成为各课程的通用评价方法。

我国体育课程标准根据这一模式将体育课程评价分为四个步骤：

①确定评价的目标，即以具体评价任务为依据，确定评价目标、评价对象和评价内容。

②选择评价的方法，即根据评价目标、评价内容，选取评价的指标和评价方法。

③收集评价所需要的信息，即根据评价目标、评价的要求，对相关信息进行观察、收集。

④依据标准进行评价，即根据一定的标准，对收集的信息进行价值判断，并及时反馈给评价对象，为改进以后的"教"或"学"服务。

(2) 目标游离模式。针对目标达成模式只考虑预期效应，没有考虑非预期效应这一情况，美国学者斯克里文提出了课程评价的目标游离模式。他认为应注重课程计划的实际效应，而不是原先确定的目标。一方面，虽然课程实践会实现一些预期的目标，但同时也可能会带来负面的影响。另一方面，尽管一些课程计划实现预期结果的效果不佳，但可能会带来积极的非预期的结果。

由此，斯克里文觉得，以预先设定的目标为依据进行评价，不但是无意义的，也是错误的。其可能将评价对象局限在教学目标上，极大地压缩评价的空间，降低评价的意义。斯克里文提倡"目标游离评价"，认为评估人员不应该被预先设定的课程目标左右，评价人员需要搜集与该课程所取得的真实成果相关的信息，无论是预期的还是非预期的，正面的或负面的，这样才能对该课程做出正确的评价。但如果课程评价完全游离于预定的目的，那么，它的价值就无法得到保障。因此，该模型被认为是对目标达成模型的一种补充与发展。

第六章 高校体育教学中师生关系构建

第一节 高校体育教师知识结构的构建

一、高校体育教师知识结构

以目前的体育教师工作特点、职责和应该具备的条件为依据，建立合理、有效的体育教师知识结构体系，应该具有明确的指导思想，也就是所学的知识要具有明显的时代特点，能够体现新的理念、新的思想、新的信息、新的知识，既要满足社会对体育人才知识水平的需求，又要满足高校的专业培养目标与人才规格。

从这一角度来看，普通高校体育教师所掌握的各种知识以及将它们结合，必然能够被转换为与学校体育改革发展相匹配的知识体系；能够转换为与展现体育提高民族素质、人的劳动素质本质作用相匹配的知识体系；能够转换为适应不断更新的知识，并具备创新意识的知识体系。因此，从层次上划分，高校体育教师的知识结构应当分为核心层知识、紧密层知识、拓展层知识。

(一) 核心层知识内容

核心层知识具体包含了在普通高校公共体育课程中，教师教育时所需要掌握的体育基础知识、基础理论、基本运动技术技能以及教育内容结构安排等。一名大学公共体育课教师要具备体育基础理论知识、基本运动技术技能。这是教师开展体育教学必备的专业知识和专业基础，该层次的整体要求为："专""精""深"，是体育教师要把握的知识重点，其在教学知识结构中居于中心、关键性位置。此层次的知识主要分为三个方面：一是人体科学知识，包括解剖学、生物化学、运动医学等；二是专项理论与技术知识，包括各个运动项目的理论、比赛规则和裁判方法等；三是科研理论与方法知识，包括体育科学研究方法、体育统计学等。

(二) 紧密层知识内容

紧密层知识主要是指教学方法、教学一般方法与策略、课堂组织模式等。新体育课程改革需要体育课程展现出均衡性、综合性和选择性，合理选择体育教学内容，运用多种形式的教学方式和灵活的教学组织形式，多渠道、多角度、全方位地让学生在体育课程学习的五大领域（运动参与、运动技能学习、身体健康、心理健康、社会适应能力）均衡发展。体育教师要提高紧密层知识水平，不断更新教学观念，树立"育人为本，健康第一"的教学理念，以"三维健康观"为出发点，合理选用教材，用科学的教学方法和教学模式开展体育教学。

(三) 拓展层知识内容

拓展层知识包含与体育教学相关的多媒体应用知识、体育教学的最新发展动态、体育教学研究等。在体育与健康教育领域中，体育课程内容与目标得到了极大的丰富与发展，因此，高校体育教师的知识结构也应该顺应时代发展的要求，尽快构建出新的、适应时代发展的知识体系。从体育专业的角度来看，当前的体育教师都是在体育教育背景下培养出来的，个人专业知识结构仍有待强化。其中，丰富体育锻炼与身体心理健康、社会适应等方面的知识尤为重要。在体育教学中，要融入现代化的教学手段，善于利用多媒体技术为体育教学服务。

二、构建高校体育教师知识结构的方法与途径

(一) 强化核心层知识

1. 持续加强专业基础知识

这一层知识主要源于职前教育，师范类体育院系的教育对核心层知识的强化有很大的影响，而提高体育院系课程设置水平是强化核心层知识的最佳方法。此外，只靠职前教育是远远不够的，要加强专业基础知识，还需要在入职后开展大量培训，根据普通高校公共体育课程的特点，注重培训所教课程的基础知识，在实际教学中将专项理论、技术知识与实际教学相融合，并用浅显易懂的语言进行表述，让学生能够心领神会。

2. 不断完善体育理论与身体锻炼知识

体育理论不但表现在体育的本质、目的和任务方面，还表现在身体技能变化活动规律、运动锻炼等方面。高校体育教师不仅要及时掌握和了解国家的体育方针、政策、体育制度，以及高校体育教学的基本原理、方法等，还要全面学习掌握以下三个方面的知识：体育文化在特殊历史时期的内涵、在教育中的作用，体育人文精神对社会、经济的影响等；体育锻炼与人体各方面的关系，包括不同人群身体锻炼适宜的运动负荷、运动项目，身体锻炼行为的方法、策略等；与业余训练相关的理论、知识。

除此之外，体育教师还要具备运动学的基础知识，以及一些基本的动作原理，这样就可以在教学过程中，根据学生的特点，对原有的竞技运动技术作出相应的调整和编排。

3. 重点改善体育基本技术、技能知识

将体育基本技术、技能知识运用到教学中，必须进行动作演示，因此，动作演示能力是体育教师区别于其他学科教师的一种独特能力，它是一种直观性

原则在体育课堂中的具体体现。体育教育以让学生学会和掌握某种运动技能为教学目标，而要学会这种运动技能，就需要有直观的体验作为支撑。教师演示的目的是让学生在观察教师形体动作时，在脑海中形成清晰的记忆表象，然后将其"内化"，进行思维加工，从而建立正确的动作概念。所以，在每一次的演示中，教师都要有一个清晰的思路，即明确"示范什么""怎样示范"等，这些都是由教学任务、教学步骤和学生的接受程度决定的。

目前，我国大学公共体育课的基本技术、技能知识也主要集中在职前教育，而体育院系的课程改革与这一知识的改善有很大的联系。随着课程改革不断深化，各种新兴运动项目不断涌现，普通高校公共体育课教师应该根据自己的专长和自身身体素质，参加不同的运动项目培训，根据不同学校和地区的需求，与同行展开交流，并积极参与教研活动，将自己在教学中所遇到的问题，与同事或教研室进行交流，通过讨论、查阅专业书籍和有关的网络资源，不断丰富自己的认识。

4. 发展体育学科教学知识

（1）在对高校体育专业学生的培养，以及对体育教师的培训中，需要强化体育学科教学知识内容的学习，通过学生实习和教学实践，既能巩固一般体育教学知识，又能发展体育学科教学知识。

（2）针对新课改的需要，结合当前学校体育发展现状，普通高校公共体育课教师应明确教学知识，积极与同事交流，结合本校的特色，学习和掌握所教内容的基本理论和技术动作，突破传统观念，发挥自己的优势，发展新兴项目。

（3）要学会制定有关体育项目的教学大纲，让教学内容既有时代性又有实用性，掌握中国传统文化特色项目。以武术课程为例，让学生了解历史悠久的中华传统文化，体会武术文化所蕴含的魅力。

（4）根据不同内容所构成的结构来筛选与确定内容。要对体育教学进行更深层次的学习和研究，正确认识和掌握合理的体育教学内容结构，对教学内容的表面形式与结构、功能之间的关系有清晰的认识，从根源上促进体育教学的发展，避免学生对体育课程的认知出现片面性和单一化现象。

5. 不断提高体育科研水平

积极参加体育科研课题研究，提升体育理论知识水平，促进体育教师积极、主动学习各方面知识。通过量化科研成果，促使公共体育课教师撰写并发表自己的教学反思，从而提高体育教师的教学知识水平。

(二) 拓展紧密层知识

1. 加强对体育课教学设计能力的学习与研究

（1）教学是教师与学生不断发现和创新的过程。教学设计、教学目标只是一种意识。在教学实践中，教师要根据时间、地点和情境，不断地对预先制订的方案进行调整。

（2）要想上好一堂课，先要备好课，备课即研究教材内容，分析学生情况，制定教法，最后编写教案。

（3）要对每门课程、每个单元做好教学规划和小结，及时记录教学中出现的问题和经验。

2. 加强对体育课教学创新能力的学习与研究

由于时代的发展和高校公共体育课程的改革，一些传统的教学方式已经无法满足高校公共体育课程的要求。对传统体育教学进行改革，需要去其糟粕，取其精华，才能与当代体育教学相适应。而且新的教学理念、教材、教学目标，都离不开与之相匹配的教学方式。这就要求普通高校公共体育课教师多听一些公开课，甚至听体育学科以外的公开课，与同事和专家进行交流，在实践中获得启发，在理论研究的基础上对教学方式进行创新。

3. 不断反思并总结体育教学实践经验

（1）要从整体上看教育问题，既要注意把握问题的基本框架，又要注意把握重要细节和主要因素。

（2）对教学事物进行深层剖析，掌握其实质及核心，抓住事物的要素，揭示问题的根源，能预见事物的发展进程和结果。

（3）教师要擅长将各个方面的知识和实践进行整合，并根据事情发展变化的具体情况，灵活调整，适时地给出不同的思想、假设、方法和方案。

（4）对于外界的刺激，教师要能够迅速反应，抓住问题关键，找出正确的解决办法。

（三）扩大拓展层知识

1. 加强教育科学理论知识

要将学科知识最有效、最大限度地转化为学生的知识经验，达到最佳的教学效果，体育教师需要具有深厚的教育科学理论知识基础。为此，普通高校公共体育课教师要从教育科学理论学习出发，对教育原理、学科教学论、学校卫生学等教育科学知识进行系统化学习，并且深入学习和掌握教育规律、学生的年龄特征和心理发展规律、知识的内在规律，同时及时关注和了解国内外教育改革的成果和动态，吸纳和借鉴先进知识与经验，以此指导体育教学的实践。

2. 丰富自然科学、社会科学与人文科学知识

体育教育作为一门综合学科，涵盖的学科领域不仅有社会科学知识（例如，教育学、法学等），还有自然科学知识（例如，解剖学、生物化学、运动生物力学等）。由于体育课程涉及的学科范围很广，所以需要体育教师具有较丰富的科学文化知识储备。

除此之外，由于当前国际上新兴学科、边缘学科的基本理论知识持续地向体育学科渗透，所以，在体育教学的最新动态发展中，产生了很多具有现代科

学特点的新概念、新理论与新技术，还产生了很多新的体育形式，以及教育、教学、训练和锻炼的新方法、新内容、新的测试和评估方法等，这些都要求普通高校公共体育课教师通过继续教育丰富自身的知识体系。

3.掌握和运用现代科学技术知识

随着社会的不断发展与科技的进步，各种先进的教学方法开始被运用到体育教学中，如投影仪、多媒体等已应用于体育课堂教学。现代信息技术教学能力是新时代高校体育教师开展教学工作必须具备的重要能力，这也是21世纪体育教学工作对体育教师提出的基本要求。

第二节 高校教师的角色定位

一、教师是学生学习的引导者

高校体育教师是学生学习的引导者。在学习一个新教材前，学生对教材的认识需要教师来引导。在教学中，教师要做的就是架好学生与教材之间的桥梁，引导学生理解教材。相较传统教学，现代高校教学更注重教师的引导作用。引导和灌输之间存在着根本上的差异，灌输是教师将自己对教材的理解全部传递给学生，学生只要将教师所说的东西牢牢地记住就行了；而引导则是教师为学生指明一条认知教材内容的路径，让学生按照自己的理解去认知教材。

二、教师是课程资源的开发者

课程是教育的中心，是教育目的与价值取向的重要载体。课是一种发展的概念，是指为实现不同层次、类型学校教育目标而规定的教学科目，以及它们的目的、内容、范围、分量和进程的总和，包含了为使学生的个性得到全面发展而创造的校园环境的全部内容。

在中国高校体育教学改革进程中,体育课程资源是一个新的概念和课题。体育课程资源是体育课程设计、编排、实施、评价等整个体育课程发展中可以利用的一切人力、物力以及其他资源的总和,它是实现体育课程目标的基础。课程资源包括以下五个部分:人(教师和学生)、教材(课程内容)、工具(教法和学法)、设施(体育场馆和器械等)、活动(教学组织形式)。基础教育课程改革目标能否实现,取决于能否有效地开发与利用体育课程资源。教师是新课改的主导者,是课程资源开发的主要力量。高校体育课程教学资源的建设与开发,需要从以下六个层面进行。

(一)对体育人力资源的开发

高校体育课程的人力资源主要包括体育教师、学生、校医、家长等,他们是学生体育学习和锻炼的指导者、帮助者和协作者。他们主动参与体育教学活动的程度,将对学生的学习、锻炼效果有很大的影响。在体育与健康课程资源中,体育人力资源具有举足轻重的作用。在高校体育教学中,体育教师应充分发挥各类人力资源的潜能,为人力资源展现各自的特长提供更多的机会和条件。学校可以依据本校教师状况设置体育课程,教师还可以让有特长的学生担任小体育教师、教练员、裁判等,既要充分发挥学生的作用,又要提高他们参与体育运动的积极性,锻炼他们组织体育活动的能力。

在体育教学中,需要各班级的班主任、校医对体育教学工作给予支持、协助与配合,以达到体育教学的目的。如果可能,可以聘请社会体育指导员和家长作为校外体育辅导员,也可以聘请一些退役运动员和现役运动员对学生进行专业体育方面的指导,运用偶像的力量引导学生积极参与体育运动。

(二)对体育设施资源的开发

体育设施资源,主要是指开展体育教学活动所必需的体育运动场地、体育器材等物质条件，体育设施配置是否合理会对教学效果产生很大的影响。

我国的体育设施资源十分丰富，特别是在城市，体育设施资源种类繁多。同时，国家还出台了有关规定，规定公共体育场馆要定期向学生免费开放。高校要发挥自身的优势，大胆突破竞技性和成人化的场地器材限制。根据学生的具体情况，结合教学实践，对场地进行适当的改建。在体育教学中，要重视体育器材综合功能的发挥，打破单一器材只为一项体育活动而存在的思维定式，开拓思维，争取让一种器材具有多重功能。在安排课程的时候，要充分地使用不同的场地和器材，避免多个班级在同一时间学习相同的教材内容。当然，学校尤其要注意维护体育场所以免其遭到侵占。

(三) 对课程内容资源的开发

课程内容资源涵盖了已有的体育项目、对已有体育项目进行改良的体育项目，以及新兴体育项目(攀岩、健美等)，还有一些具有民族特色的传统体育运动。课程内容是教学的主要部分，是向学生传授知识技能的载体，教师和学生可以通过对课程内容的教与学，来达到体育教学目标。

目前，高校体育课程内容的选择已经形成了一套完整的标准。以往，国家课程一直可以做到教学内容的统一。在新一轮的新课改中，三级课程管理被提上日程，体育教学内容的开发在很大程度上决定着校本课程的实现。高校体育课程内容资源开发时，应做到：与学生的需求和教学需求相联系，注重学生的实际接受能力。要加大对原有运动项目的改革力度，在有条件的情况下可以引进一些新兴的运动项目，如健美、现代舞、定向越野等。要加大对民族传统体育资源的挖掘与利用。体育课程资源开发要注意连贯性。

(四) 对课外体育资源的开发

课外体育资源包括体育活动课、社区体育活动、业余体校训练、节假日体育活动和体育竞赛等，是体育课程的扩展和对练习的补充。

要将体育课外资源的潜力完全挖掘出来，可以在课间操时间、活动课时间开展辅导、训练等活动，并在节假日期间开展体育专项夏令营或冬令营。有条件的学生可以加入社区的体育俱乐部，或者进行业余训练。对学校外部的课程资源开发有多种形式，相较学校内部的课程资源，学校外部的课程资源开发比较零散，但也更为丰富多彩，具有更强的创新性。教师、家长和学校应鼓励学生个人或集体开发校外体育课程资源，充分发挥学生学习的创造性和主动性。

(五) 对自然地理资源的开发

自然地理资源是最经济、简便的体育课程资源，包括空气、日光、地形等。我国高校体育教学以户外活动为主，因此，相较其他课程而言，它更易受自然环境的影响。不同的地理环境会产生不同独具特色的地域性体育文化，所以，在对当地自然地理资源进行有效利用的同时，还要对当地的民族传统体育文化给予特别的关注。教师要注意挖掘当地自然地理资源的潜能，在保证安全的情况下，开展多种有益的体育活动，如定向越野、沙滩排球等。

(六) 对体育信息资源的开发

从广义上说，体育信息资源是体育活动中各种要素的总称，既包括体育信息本身，也包括与体育相关的人员、设备、技术和资金等。从教学上说，凡是具有教学意义，能够作为课程的要素运用到教学中、与教学活动联系起来的资源，都可称为体育信息资源。

高校体育信息资源主要有电视、网络等。这些信息资源能使教学内容得到有效的补充与更新，促进体育基础教育的发展。在体育教学中，教师要充分发挥信息资源的潜能，积极运用多种媒体获取体育信息，充实和更新自身体育知识、文化和技能。

三、教师是教学活动的研究者

(一) 研究要"实"

研究要"实",教师要立足教学实际,强化问题意识,将教与学中出现的问题相联系,积极进行探索和反思,并在此过程中产生新的理性认知。当前倡导的是,教师的研究要以自己的教学经验为基础,所研究的问题要能够帮助自己解决实际工作中遇到的问题,或是以提升自己的教育教学能力为主要目标。从另外一个角度来讲,在教育科研中,教师解决问题的过程,本质上就是一个广泛吸取新知识,并与自己的实践经验、反思相联系,从而进行创新性思维的过程。这个过程能够使教师学会使用科学的研究方法,拓展四维空间,从而成长为具有一定学术水平和创造能力的教师。

(二) 研究要"新"

在进行课程改革的实践过程中,大部分问题都是之前没有碰到过的,所以其复杂性和挑战性都很高。传统的"工匠型教师"的角色,已经不能满足新时代的需要。只有掌握现代教育、体育的动态信息,用最新的知识信息来武装头脑,更新观念,大胆探索、勇于创新,才能推进体育学科的发展,从而使体育事业不断向前发展。"创新"的本质,就是要根据教学实际发挥自己的教学特色。当前,新的教学理论、方法、技术不断涌现,体育教学与训练方法日新月异,在这样一个快速发展的新课程改革形势下,落后的科学研究是被动的,即使同步也无济于事,走在时代前列才是唯一的出路,只有创新,才是希望。所以,在体育科研中,创新变得十分重要和特别。

四、教师是教学过程的监控者

(一) 培养学生助人为乐的品质

在一个班级里,因为每个人的身体素质都是不同的,所以在体育课上,教师应该适时地引导身体素质好的学生帮助身体素质较弱的学生完成教学任务，并且教导学生互相关爱，主动帮助遇到学习困难的学生解决问题，培养学生为他人服务的意愿和行为；以自身的榜样作用，培养学生助人为乐的道德品质。

(二) 培养学生善良正直的品格

学生接纳、喜爱某位教师，往往是从对这位教师的敬佩开始的。这种敬佩来自对教师师德的崇敬，教师正直的品德可以对学生产生深远的影响。在教学中，体育教师要发挥榜样作用，对学生进行尊师敬长、关爱弱者的品德教育，教导学生待人友爱、言行举止一致、文明有礼、不损人利己，努力培养学生成为中国特色社会主义新时代合格的接班人。

(三) 培养学生的合作精神

高校体育课程因其自身的特点，在进行体育教学的过程中，教师与学生之间、学生之间的合作是完成教学任务的重要影响因素，只有团结、温暖的集体，才能凝聚人心，从而达到良好的教学效果。所以，在教学中，教师应该教导学生关心集体，为集体争光。让学生学会与别人交流、尊敬别人。使学生认识到，唯有良好的团队协作才能取得优异成绩。

(四) 培养学生坚强的意志品质

体育课程是一门要通过大量的身体练习达到教育目标的课程。教师要培养学生吃苦耐劳的精神，使学生具备不怕困难、勇往直前的品质。所以，教师应该要求学生坚持不懈地完成学习任务，让他们拥有战胜困难的意志和毅力，面对失败和挫折有一定的承受能力，养成胜不骄、败不馁，顽强拼搏的优良作风。

(五) 培养学生自我教育的能力

自我教育是个体将自身作为教育对象，按照社会的要求和自身发展的需要，主动求教，自觉进行思想转化和行为控制。它是以自我认识为基础、自我要求为开端、自我完善为目的，经过自我体验、自我践行而达到教育目的的一个过程。

在体育教学中，要充分发挥学生的主体作用。在课堂上，教师通过讲授、演示等方式，使学生掌握锻炼身体的方法和手段，在培养学生独立、自主学习的过程中，提高学生的自我学习能力，让学生逐步达到自我发展、自我完善的目的。

五、教师是教育理念的验证者

(一) 坚持"健康第一"的指导思想

健康是一个复合性概念，它包含生理健康、心理健康、社会适应性等多个层面。"健康第一"是适应中国特色社会主义新时代对人才培养的新内容、新要求的理念。社会的发展需要人的整体素质提升、个性充分发展。科技进步对人才提出了更高的要求，要求人才具有更强的思维能力和创造能力。而高速的工作、生活节奏，竞争激烈的职场，需要人才拥有健康的体魄、良好的心理素质和社会适应能力。

"健康第一"的教育理念表明，高校的体育与健康课程要以促进学生身心健康、社会适应性等整体健康水平的全面提升为基本目的。

然而，怎样才能将这一教育理念真正地贯彻到教学中，还需通过教师的实践去证实。在教育实践的过程中，教师应根据自己的工作经验，有创造性地开展体育教学工作。学习一些好的理论研究成果，并把它们运用到教学实践中，探索理论转化为实践的过程和方法，以及理论研究中存在的问题，为检验和理论的创新提供实践基础。因此，高校体育教师在进行教学时，不是被动地验证教育理念，而是要通过个人的主动研究创造性地提出新理论。

(二) 以学生发展为中心，重视学生的主体地位

新课程改革非常注重将学生发展放在核心位置，并高度重视学生的主体地

位，强调课程要符合学生的需求，注重学生的情感体验，注重在教学过程中充分发挥学生的主体作用。同时，在教学过程中，调动学生的学习主动性，挖掘他们的潜力，从而使他们的体育学习能力得到全面提升。

在传统体育教学中，教师以教授"三基(基本知识、基本技术、基本技能)"为主，学生以学会和掌握"三基"为主。新课程改革提出，要重视学生的学习主体地位，尊重学生的学习习惯。根据学生生理和心理的发展规律，合理地组织学生的教学活动。在体育教学中，要让学生充分发挥自己的主观能动性，对新体育项目进行积极探究。教师要把学生的兴趣作为导向，检验教学效果要从学生的兴趣、学习效率、学习的持续性等角度入手。

在进行教学时，教师应当探索能够发挥学生主体地位的新方法、新手段，对发挥学生主体地位的可行性和存在问题进行探讨，并积极寻找可以使之实现的途径。

(三) 激发运动兴趣，培养学生终身体育意识

近年来，人们通过对体育教学的实践，总结和探索出了一种新型的体育教育理念，就是调动学生的运动积极性，培养其终身体育意识。当前，体育教育亟须教师充分激发学生的学习兴趣，而要充分调动和维持学生的体育运动积极性，需要促使学生积极、主动地参与体育运动。在一定程度上，关注学生的运动兴趣要比关注学生的技能掌握更重要。

(四) 关注个体差异与不同需求，确保每一个学生受益

每个个体都存在身体素质、运动项目选择上的差异，重视每个学生的个体差异与需要，让每个学生都能从体育课程中获益，是新课改的一个重要理念。体育教育是兼顾整体与个体的教学过程，在教学过程中，教师应重视学生的身体条件、运动技能等差异，并针对这些差异制定适合学生的学习目标、评价方法等，确保每一个学生不仅能够完成体育课程学习目标，还能体验到体育学习

的乐趣。

在教学过程中，教师应有足够的时间和机会去检验不同的体育教育理论。这种检验意识，不但要求证明已有理论的正确性，同时要求将理论中存在的不足找出来，并给出实践操作的具体步骤与方法。如何将理论运用到实际教学中，是高校体育教师需要面对的一大难题。任何一种好的教学理论都需要应用到教学中，都需要经历一个转化的过程，而这一转化主要通过体育教师实现，转化过程并非对理论的教条式机械性复制，它是一种重现创造的劳动过程。当然，在理论应用实践中，还需要有一定的方法作为支撑，唯有运用恰当的方法，方能取得理想的教学效果。

第三节　学生的认知与情感准备

引导、促进学生学习是教学的核心任务，而认知与情感准备状态是学生开展学习活动的一个重要条件，逐步提高学生的认知水平也是学习的一个重要目标。所以，掌握学生的认知与情感准备状态，是进行课堂教学设计的关键。认知与情感准备状态，即学生在完成新的学习任务前已有的认知水平和情感状态，具体来说，就是学生的一般认知能力、情感功能的形成，其方式随着年龄和成长经历的增加而改变的过程，这与人的思维、情感等各种功能的变化有关。

大学生是社会活跃的主要群体，而大学阶段是大学生初步接触社会生活的时期，也是其心理和生理共同作用、发生碰撞的时期。他们的自我意识随着其年龄的增长与阅历的积累不断发展，个体的世界观、人生观和价值观都已经成型，但这个阶段大学生的思维和处事风格仍有改善的空间。面对这一客观事实，大学生需要通过持续适应大学生活、不断提高自身的认知水平，调节自己的心态，准确地定位自己在社会中所扮演的角色。在这个时期，他们能够发挥自己强大的学习能力，迅速成长，他们的认知发展水平也在持续地提高，表现出许多特征。

一、思维独立，具有创造性

在这一阶段，大学生思维的独立性表现为他们可以抓住任何一个学习的机会。在这一阶段，他们才刚刚离开家庭，开始集体生活，他们对外界事情都有一种新鲜感。因此，不仅是在学校的学习课程中，在集体生活中，他们也时刻保持着很高的兴趣，并能积极地去获得来自教科书和学校的新知识。与此同时，这一时期的高校生也渐渐地开始建立起了辩证观念，他们对事物之间的辩证关系有了更多的理解，能够从不同的角度、层面对事物进行分析并掌握其实质，从而对事物产生新的认知。此外，大学生的创新思维也在这个阶段逐渐凸显。他们敢于创新，可以运用全新、独特的方式来处理问题。由于他们敢于展示自我，擅长展示自我，从而使他们能够持续地学习新知识，拓展新思维，并寻找创新的学习方法。

二、情绪丰富

步入高校，也就步入成年阶段。但这一时期成年不久的大学生与成熟的成年人相比，无论是身体上还是心理上，都有待完善，他们的情绪变化比较大，也比较敏感。随着学业逐步完成，大学生对自身定位、人际关系等各方面都越来越重视，他们既焦虑，又具有自我控制能力，他们的情绪情感表现非常复杂，稳定性还有待强化。在面对更大的事情时，可能无法完全控制自己紧张和激动的情绪。

三、自我意识进一步增强

在此阶段，大学生可以在实践中获得更多的经验，更好地了解自己，明确自我定位，可以主动将社会、家庭的期望转化为自身的动力，并有意识地进行自我评价。但这个时候的自我评价无法完全反映大学生自身的特点，他们对自己的评估也不是很准确。随着年龄与社会阅历的增加，他们的自控能力也随之提高，也可以按照自己的意愿准确地规划好自己的学习和生活，使其井然有序地开展，同时也可以对外部的反馈做出恰当的回应，对不恰当的行为进行调整，使外在的要求及时转化为内在的需要。

第四节　高校体育教学中师生关系的构建

一、主客体关系

(一) 主客体概念

在认识论中，主体与客体是一对，主体是实践活动和认识活动的承载者，而客体则只是实践活动和认识活动所指的对象。主体是与客体相对的范畴，离开了具体的现实活动，就没有所谓的主体与客体。

活动中的主体具有主体性，具体包括自主性、能动性、主观性等，其中，自主性是主体性的基础。自主性即活动的自我决定性，主要体现在三个层面：一是活动主体自己确立目标，并为了达到目标而开展活动。个人所开展的活动具有其自身所知的目的，并以其为规则决定活动方式，个体需要使自己的意志服从这一目的；二是活动主体自主选择活动的方式和方法，自己掌控活动进程；三是活动主体在活动过程中进行自我监督、自我调节。这里的活动主体只能是人，不能是其他事物。但从事活动的人不一定就是主体，主体是自主地开展活动的人。

客体是相对于主体而言的，它是主体活动所指向的对象，是主体所要认识和实践的对象。客体可能是人，也可能是其他事物。

(二) 主客体关系

1. 两者是互相规定的

离开客体，也就无所谓主体，离开主体，也就无所谓客体。

2. 主体是活动的主体，客体为主体服务

主体是活动的主体，客体为主体服务，它是主体实现目的的前提与方法。主体通过认识与改造客体，表现出自身本质的力量，从而使自身得到充实与发展，实现自身的价值。

3. 客体对主体具有制约性

客体是相对于主体而言的一种客观存在，主体以客体为对象进行的活动，受其制约，必然与其特征相一致。只有在符合客体固有规律的前提下，才能实现主体的目的，满足主体的需要。

(三) 主客体关系在教育理论中的应用

在当前的教育理论中，存在教学过程中的师生双主体论，即师生同为教学活动的主体。这一理论认为，在充分尊重和承认学生学习中的主体地位、主体作用之外，还应该重视教师在教学中的主体作用，这是对教师主导作用的再延伸，也是对学生主体能力培养的保障。在"双主体"的教育教学思想下，教师在选择教学内容、设定教学目标以及设计教学方法的时候，会更具创造力和主动性。当教师实现了自身主体意识之后，就可以更好地引导学生，从而更好地培养学生的主体意识和主体能力。

二、人际关系

(一) 师生人际关系的含义、特点和功能

师生人际关系是教师和学生在交往过程中建立起来的一种关系。教师和学生的交往就是师生之间的相互作用。师生人际关系即教师与学生之间沟通、接触等相互作用所遵循的关系。师生人际关系有着非常重要的教学作用，主要体现在四个方面。

1. 是师生进行教学活动的前提

师生人际关系是教师开展教学活动、学生进行学习活动的前提，教和学是在师生教学活动的前提下开展的。

2. 它对学生的人格发展起着重要的制约作用

社会心理学的相关研究证明，和谐的师生人际关系不仅有利于促进学生人格的发展，而且可以发现和解决学生的心理问题。而师生之间冷漠和紧张的关系，对学生的人格发展不利，时间长了还会引发一些人格障碍问题。

3. 是师生进行交流活动从而满足情感需要的一个前提

在教学过程中，师生交流可以使教师和学生双方的情感需要得到满足，而师生交流是在一定的师生人际关系中进行的。因此，和谐的师生人际关系是满足师生情感需求的前提。

4. 师生人际关系是影响学校风气的一个重要因素

教师与学生之间良好的人际关系对形成良好的学校风气有着积极影响，不良的人际关系则对学校风气产生消极影响。

(二) 师生人际关系的类型

1. 专制型

教师以自身的权威为主导，运用强硬的方法来对学生进行管理，要求他们听从，不能有异议。学生对教师的态度常常是畏惧的，或是完全顺从，或是阳奉阴违，或是当面抗拒。

2. 管理型

教师具有强烈的责任感和使命感，对学生要求严格、管理规范，能够取得很好的效果。学生能做到服从管理，养成良好的行为习惯。教学活动井然有序，教师们在学生心中是可敬不可亲的形象。

3. 挚爱型

教师在教学中，尊重学生的意愿，注重情感的浸润，对学生关爱，工作细致，但对学生的严格要求上还有待强化。学生对教师亲近、信任和尊敬，可以和教师进行思想感情的交流，他们对教师有较大的依赖性。

4. 放任型

教师们不会对学生苛刻粗暴，也不会关爱他们，他们经常会采用一种漠不关心和放任自流的方式。学生不会对教师有敌意和畏惧，也不喜欢、不尊重、不信赖教师。

5. 民主型

教师尊重、关爱学生，用自己的品德和才华去吸引并感染学生、发扬民主。学生崇拜、热爱教师。除了正式的交流之外，教师与学生之间的非正式交流也比较多。

三、良好师生关系建立的方法

(一) 体育教师要树立正确的学生观

学生观指的是教师对学生所持的最基本的一种观点，它直接影响着教师对学生的基本的态度和行动。在高校的体育教学中，为了构建和谐的师生关系，高校体育教师应该意识到，自己是高校体育教学活动的设计者、组织者和管理者，要想达到理想的教学结果，就要认识到学生是活生生的人，要让学生在体育教学活动中积极发挥自己的主动性，让他们成为课堂的主体。

(二) 营造和谐的课堂氛围，给学生以安全感

在高校体育教学中，应充分调动学生的积极性，使他们能够畅所欲言，真正参与到课堂教学当中。而要达到这一点，就需要让学生没有任何顾虑，给予他们充分的安全感。在马斯洛需求层次理论中，安全需要是继生理需要后的一项基本需要，而为了让学生获得安全感，就需要创造一种融洽、和谐的课堂氛围。要是学生在体育课上整天担惊受怕，就谈不上安全感，更不用说畅所欲言、无所不谈了。

(三) 体育教师要热爱学生，使学生有归属感

爱与归属的需要也是学生最根本的社会性需求，满足了这一需求，就能让学生有一种亲切的归属感，使其感觉到自己属于班级的一分子，将自己融入班级大家庭之中，从而构建起和谐、愉悦的师生关系。这就要求高校体育教师真正热爱学生，从心底里把他们当成自己的孩子来关爱。学生能感觉到教师的关爱，并将关爱反馈给体育教师，实现师生互爱，这样才能建立起良好的师生关系。

(四) 教师要尊重学生

对个体人格的尊重是每个学生都需要的，满足这种尊重感是构建和谐、平等师生关系的前提条件。在高校体育教学中，体育教师闻道在先，有着体育知识和技能上的优势，这是作为体育教师的先决条件，但并不能成为高校体育教师居高临下的资本。高校体育教师与学生之间在人格上是平等的关系，应该互相尊重，所以高校体育教师要做到尊重学生。

第七章　高校体育教学评价体系优化建设

第一节　体育教学评价的基本知识

一、体育教学评价的概念与含义

(一) 体育教学评价的概念

教学评价即以教学目标为标准,对教学过程和结果进行价值判断,为教学决策服务的活动。教学评价是对教师与学生的"教"与"学"价值评判的过程。

教学评价的对象通常包括:教师、教学内容、教学环境、学生、教学管理、教学方法等,其中,重点是评价教师的教学过程和学生的学习效果。具体到体育学科当中,体育教学评价即根据体育教学目标,制定科学的评价标准,通过一些检测手段等,测量或衡量体育教学活动的过程、结果,以及对其进行价值判断的活动。同样地,在体育教学评价中,重点是对体育教师教学和学生体育学习效果的评价。

(二) 体育教学评价的含义

1. 体育教学评价是围绕体育教学目标和体育教学原则开展的

体育教学目标是衡量体育教学"有没有达到预定结果""有没有完成任务"的直接依据。体育教学原则是判断教学是否合理、是否符合体育教学的基本要求的主要依据。教学目标和教学原则都有客观、规范的特点。

2. 体育教学评价的主要对象为体育教学的过程和结果

体育教学评价中，有两个评价重点：一是对学生"学"的评价，评价内容主要为学生学习水平、品德行为等；二是对教师"教"的评价，评价内容主要是教师的教学水平、师德行为等。

3. 体育教学评价是价值判断和量评工作的过程

在体育教学评价中，进行的价值判断即为定性评价，评价的内容主要是教学方向是否正确、教学方法是否合适；而量评工作属于定量评价，主要是评价如身体素质的提高、技能的掌握数量等能够量化的学习效果。

二、体育教学评价的目的

(一) 选拔目的

在体育教学评价中，选拔目的即通过评价判断学生的学习潜能，选拔出能力优秀的学生。以此目的为主的教学评价，主要是为了选择体育能力较为优秀的学生参加体育竞赛、评选优秀学生等，这类评价应以选拔的要求或标准为依据，展开评价活动。在这种目的下的评价，具有择优性的特征，评价的目标并非面对全体学生，有时也不以教学目标为导向，所以，带有选拔目的的体育教学评价不是主要的评价形式。

(二) 甄别目的

体育教学评价的甄别目的，是指通过评价判定学生的体育学习状态，对其分数进行评定，它是在学籍管理需要和标准的基础上展开的一种评价，它的目的是要甄别出学生的学习状态，并对他们的成绩进行评定，例如，为对学生体育标准成绩进行的达标测试等。在这样一种评价目的之下，评价具有甄别和评比性，它的目标是面向全体学生的，它将评价的目标对准了体育学习的成效和学习的态度，同时也在一定程度上将目标对准了学生的体育基本素质。在体育教学评价中，它占据了一个非常重要的位置。

（三）发展目的

通过评价分析在体育学习中学生存在的学习问题，以促进他们的进步。这种目的下的评价是以教学要求和需要为核心，帮助师生发现学习中的问题。通过这个评价，可以找到学生运动技能进步困难的根本原因，有助于教师采取更有针对性的措施帮助其发展。这种评价目的带有教学的性质，是面向全体学生的，评价指向的是学生的学习困难和发展方向，这种评价目的在体育教学评价中具有非常强的现实意义。

（四）激励目的

体育教学评价的激励目的，指通过评价反馈学生体育学习的情况，以激励学生的学习。它是根据教学的要求和需要来展开的一种评价，它可以让学生认识到自己的进步和进一步发展的潜能，进而让他们在学习中产生自信和满足的感觉。其目的是提升全体学生的积极性和自信心，评价指向学生的学习进步和努力方向。在体育教学评价中，带有这种目的的评价占据着十分关键的位置。

三、体育教学评价的特征

（一）建立在事实判断的基础之上

在体育教学评价中，进行价值判定前，需要对体育教育价值关系中的客体与有关的要素进行全面的审视与剖析，作出客观的评判。教学评价要收集的信息是体育教学过程中的各个要素。除此之外，要想获得一个具有客观性和准确性的资料，还需要使用科学的评价方式对这些评价信息进行采集，去伪存真，只有在这种情况下，才能够保证评价结果的准确性。

（二）重视身体适应评价

体育教学主要是让学生经过身体锻炼，增强他们自身的生理载荷承受力，并逐渐形成一个较好的适应状态，从而达到他们的整体发展。因此，在体育教育评价中，对学生进行学习评价的一个主要方面就是要体现出学生身体形态、结构、功能、素质等方面的改变。目前，我国学校体育教学评价中，评价对象以学生在体育学习中技能掌握情况、运动素质变化情况为主。

(三) 对体育教学评价的本质作出价值判断

教学评价是评价人员依据主体的需求和期望，对某一项教育活动是否具有价值、具有何种价值、具有多大价值等情形所作出的判断。评价是衡量教育活动是否有利于国家和社会发展的重要渠道。同时，通过评价可以了解教育活动，促进学生全面发展。在进行体育教学的评价过程中，既要考虑到学生的需求，又要考虑到社会的要求，假如忽略了其中的一个，或是不能对其本质做出正确、合理的价值判定，就很难将教学评价的功能完全地展现出来，也就没有了它存在的价值。

(四) 评价形式与结果的开放性

在体育教学评价中，学生的学习成果具有公开化的特点，这是体育教学评价中开放性特征的主要体现。不管是学习新的动作技术，还是测验动作技术掌握情况，每个人的表现，不管是成功还是失败，无论是娴熟还是生疏，都清楚地呈现在现场学生们的眼前。它为实现对体育教学的客观评价奠定了基础，使学生可以进行相互评价。

四、体育教学评价的功能

(一) 信息反馈功能

在进行体育教学的过程中，体育教师要对自身的教学状况进行衡量，学生要了解自己的学习状况，从体育教学评价中，获得丰富而又可信的反馈信息。教师可以清楚地了解自己在教学中的优势和不足，从而对自己的教学行为进行改进和完善，学生可以通过这些反馈信息，更加清晰地了解自己学习情况上的优势和劣势，进而明白自己应该在哪个方向上下功夫。

其中，需要特别注意的是，教师在向学生提供反馈信息时，要结合学生的年龄和心理特征，把握适度评价的原则。总体而言，教师应该在尊重实际的前提下，对学生的学习状况进行充分肯定，调动他们的学习积极性和主动性。在否定的评价汇总中，教师要引导他们找出问题所在，并进行分析，使他们能够有所改善，这样才能提高他们在学习中的信心。另外，在教学过程中，为了避免他们丧失自信心，或者在教学过程中出现了逆反的情绪，教师应该采取各种措施来调整他们的情绪，缓解其在学习中产生的紧张与焦虑。

(二) 动机强化功能

教学评价的动机强化功能，即通过教学评价激发被评价者的积极性，促使其积极、主动地改进自己的教学行为。动机作用通常分为两种，一种是基于自身内部因素的内部动机作用，另一种是外部因素引发的外部动机作用。在教学活动中，师生的自评，都能强化内部动机作用。而他人的评价，尤其是正确、合理、肯定的评价，可以提高教师或学生的积极性，促使其在教学过程中保持适度的紧张状态。而对于那些不正确、不合理的否定评价，会打击教师或学生的积极性。所以，在运用教学评价的动机强化功能时，要注意肯定与否定评价所带来的不同的心理效果。针对不同的评价对象，应考虑其个性特点，形成积极的评价效果。

(三) 考察鉴定功能

通过教学评价，可以考察和鉴定教学质量、教学优劣、教学问题；判断和鉴别学生的学习能力、发展水平；为管理者提供决策依据。体育教学评价的结果与学生通过率有着直接的影响，关系着怎样编排班级，关系到教师职务的评审和聘用。从这个层面来看，教学评价是一项极为有效的教学管理手段和措施。

五、体育教学评价的标准

(一) 体育教学评价标准的制定依据

1. 考虑社会对体育教学的要求

体育教育具有一定的社会性，它是一种以培养身体和心理都健康的人为主要目的，推动着整个人类的发展和进步的社会性活动。《体育课程标准》《体育教学大纲》中有关的规定反映了社会对体育教学的具体要求，《体育课程标准》《体育教学大纲》在培养人才的标准和体育教学上都有明确的规定，是制定体育教学评价标准的基础。所以，认真研究学习《体育课程标准》《体育教学大纲》，特别是对体育教学目标进行研究，是制定体育教学评价标准的先决条件。

2. 以相关教育学科知识为基础

教育学是一门研究教育与教学的学科，在这门学科的指引下，体育教学活动才能实现预期的教学目标。体育教学评价是一项将理论与实践有机结合的活动，只有将理论知识与实践紧密地联系在一起，才能进行有效的评价，从而发挥出教学评价的作用。如果只有实践，而没有对教学本质、教学原则、教学规律、教学方法等理论知识的掌握，就很难制定出一套科学的评价标准，也就不能对体育教学的实践展开有效的、科学的引导。

3. 考虑被评价总体的状态和水平

教学评价本身不带有目的性，是作为实现预期教学目标的一种手段而存在的。通过评价挖掘教学中存在的问题，探寻解决的对策，优化体育教学活动。所以在制定评价标准时，要综合考量被评价对象的总体状况和水平，才能实现预期的目的。若设定较高的评价标准，可能导致被评价者因达不到评价标准而失去主动性与自信；若评价的标准设定得太低，则可能造成被评价者太过自我满足而放弃努力。

(二)体育教学评价标准的表达方式

1. 评语式标准

(1) 分等评语式标准。是针对各末级指标,制定出各等级的标准。体育教师的体育教学质量评价指标中的分等评语式标准,可以参考表7-1。

表7-1 分等评语式标准

等级	等级标准
优	内容准确、把握适度、适量、重点突出、难点分布合理、渗透思想教育
良	知识准确、适量,有体现重难点
一般	知识较为准确,有重点、详略
差	知识传授不正确,重难点不明,内容组织不合理

(2) 期望评语式标准。期望评语式标准是根据所希望的最高要求,制定出对体育教学评价指标体系中的每项末级指标的对应的标准,因此,这样的标准只会给出最高等级的标准,而其他级别的标准则是根据最高等级的标准进行推理,其尺度掌握有一定的难度。

(3) 积分评估标准。积分评估标准是将末级的指标划分成几个要素,并给每一个要素赋予了对应的价值,最后,每个评价对象在各要素上的分数和就是其评价的总分。

2. 期望行为式标准

期望行为式标准是指将每个末级指标划分为若干行为因素,给每个行为因素选择一个具体的关键行为作为评价该行为因素的标准[1]。

3. 隶属度式标准

隶属度式标准是以模糊数学中的隶属度函数为标度的评价标准[2]。从其内容层面来看,这种标准属于评语式等级标准,但其是利用模糊集合的概念,运用

---

[1] 潘绍伟. 学校体育学 [M]. 北京:高等教育出版社,2008.

[2] 同[1]。

[0，1]区间赋值的方法，划分出各要素等级的隶属度范围。

(三) 体育教学评价标准的构成体系

1. 素质标准

(1) 对体育教育工作充满热情，具有较强的责任心，能以身作则。

(2) 具有正确的世界观，品德优良，在运动方面具有深厚的专业理论知识。

(3) 知道教育与教学的规律，具有较高的教学素质、较完备的教学方法等。

2. 效能标准

(1) 效率标准。效率标准通常是指根据投入与产出的比例衡量工作的成果。在体育教学的评价过程中，如果使用效率标准进行评价，就要考虑到教和学的时间因素，即在规定的时间内，对体育教师是否按照教学大纲的要求完成了教学任务，学生在思想、体育知识、技术、技能的掌握，以及提升身体素质等方面，是否都达到了相应的程度进行评价。

(2) 效果标准。

①体育基本知识、基本技术、基本技能掌握标准。主要是考查学生在体育教学中掌握的基本知识、基本技术的数量与质量情况。

②能力发展标准。在对学生的体育学习进行评价时，应注意考查学生的智力、个性的发展，以及他们的体育锻炼能力。

③思想品德教育标准。在体育教学中要注意积极开展思想品德教育。

效果标准与效率标准两者之间存在着相同之处，但也存在着一些差异。效果标准是根据预先确定的目的来评价工作的成果，不考虑投入的人力、物力、时间。在教学评价中，效率标准是最基本的标准，它对人力、物力、时间消耗和结果进行综合考察，可以促使体育教师关注和重视工作效率，进而提升教学效果。在对体育教学进行评价时，要将两者结合起来使用。

3. 职责标准

（1）看体育教师的备课质量。就是要检验教师对体育课程大纲的研究程度，对学生情况的了解程度，对教材重点、难点的明确程度，对教案的编制及场地器械布置的合理程度等。

（2）看体育教师上课的质量。主要考核的是授课的内容是否具有科学性、教学目标是否明确、教学手段和方式是否高效、教学重点和教学语言是否清晰，以及示范动作的准确性等。

（3）看教学是否贯彻相关的原则和要求。在遵循体育教学原理的前提下进行的教学工作，会让教学活动取得很好的结果，否则就很难取得理想的结果。

职责标准可以促使被评价者提高敬业精神与责任心，并让被评价人更关注教与学的整个过程。在进行体育教学评价时，应该把责任标准和教学的效果相联系，进行全面综合性评价，避免出现重过程轻结果或重结果轻过程的情况。

素质标准、效能标准以及职责标准是相互区别、相互联系的关系。由于体育教学活动比较繁杂，因此，在这一教学过程中，素质教育发挥着至关重要的影响，而责任标准的作用就是促进体育教学活动持续改进，效能标准则是素质标准和职责标准功能的体现。

第二节　体育教学评价的规范与落实

一、建立科学的体育教学评价指标

从系统论的层面来看，体育教学目标应该是科学、简便和易操作的。因为体育教学评价是考核体育教学目标实现程度的途径之一，所以，体育教学评价也需要和体育教学目标一样，具备科学性、简便性和易操作性。近年来，体育教学评价指标的制定和完善越来越受到重视，但还有大量的指标有待改进与完善。因此，规范和落实体育教学评价的首要任务是根据我国的国情，建立科学的体育教学评价指标。具体要从两个方面来解决：一方面是从理论层面强化对体育教学评价体系的研究；另一方面是要从实践层面科学改进体育教学评价。在建立评价指标时，除了要根据我国的国情基础外，还要合理借鉴国外体育教学评价的成功经验，促使我国的体育教学评价指标体系既有本国特色，也有国际视野。

(一) 初步拟定指标

在制定体育教学评价指标时，应以体育教学评价目标为基础，且研究者应结合自己对体育教学的认识和实际教学经验来展开拟定工作。具体拟定方法如下。

通过对有关因素的研究，将评价指标逐步分解，根据评价内容的内部逻辑结构进行分解，再根据分解后的要素制定指标。从上到下依次为评价指数的分解次序。要素层次越高，则越详细，直至所分解的因素能够在被观测到时终止分解过程，从而逐步建立一个由抽象化至具体化的指标体系。

(二) 筛选拟定指标

在对体育教学评价指标进行初步制定之后，此时要保证评价指标的简约性和科学性，要对初拟的指标进行合理选择，并运用经验方法来选择。

经验法是根据个人或群体经验来分类和整合评价指标，进而确定评价指标的重要方法，其中，个人经验法和集体经验法是最常用的两种。

1. 个人经验法

个人经验法即个体根据自身的经验，利用思维方法（比较、排列、组合）对初始制定的指标进行处理。这种方法虽然简便，但很容易被人的主观经验所左右，而且经过筛选之后，评价指标具有很大的局限性，这是个人经验法的缺点。

2. 集体经验法

集体经验法即采用问卷调查的方式进行数据统计、分析的方法。集体经验法可以弥补个人经验法的单一化和局限性，从而使集体经验法相对于个人经验法更加科学。

因此，在对拟定的指标进行筛选时，采取集体经验法更具说服力。

(三) 权衡指标分量

1. 依靠集体力量的权衡

这里的集体力量主要包括学校的体育学科研究人员、学校的体育部门领导、体育教师等相关人员。通过利用这些人员的经验和力量，可以判断评价指标在评价内容中的重要性和位置，为权衡评价指标提供较为科学的依据。这类方法具有一定的全面性和科学性。但需要注意的是，有可能会出现因集体中成员意见的不一致而造成权衡结果的不统一。

2. 两两比较的权衡

即对评价指标进行分组，每一组都包括两个指标，工作人员通过比较和评判同一组两个指标的某一特性，用矩阵的形式将结果分析出来，而后根据分析出来的结果，明确指标的顺序，从而可以更为直观地展现出评价指标的重要性。

(四) 确定评价标准

1. 标度的设计

标度方法主要包括定性评价和定量评价。一般会运用如熟悉、不了解等描述型的语言来表示定性评价标度。

2. 标号的设计

标号即区分标度的符号。在标度确定后，需要运用如优秀、合格、不合格等具有区别性特征的符号表示标号。

二、重视体育课堂教学质量

在学校体育教育中，以班级授课制为主。随着新课改的不断推进，我国高校体育课教学质量问题引起人们的关注。在对高校体育课的教学评价研究中，研究人员为体育教学评价提供了一些有益的参考和经验。但是在实际工作中，这些经验和建议的可用性并不高。这是因为，体育课堂教学的评价对象具有多种不同特点，要用量化的方法对课堂教学质量进行定量评价比较困难，所以，在评价中难以真正体现出体育课堂教学的实际情况。因此，研究人员和相关学者需要高度关注对体育课堂教学质量的评价，积极探索出一种科学、合理、可操作的评价方式，以推动体育课堂教学质量的提升。

三、充分发挥体育教学评价反馈与指导功能

对体育教学进行评价，既有反馈体育教学效果的作用，也有指导体育教学的作用。评价主体在对体育教学作出评价的时候，既要综合考量与体育教学评价有关的因素，也要考量与体育教学有关的因素，以更好地推动体育教学的发展。在对学校体育教学评价前，要先制定体育教学目标，并根据该目标进行具体的教学评价工作。对体育教学进行评价，可以更精确地体现出教学目标设置的合理程度。通常会有两种结果：一种是体育教学的评价良好，说明体育教学目标制定较为合理；另一种是体育教学评价不理想，说明教学目标与教学准备工作不合理，需要调整体育教学工作的部分环节。

四、建立全面的"教"与"学"的评价体系

在体育教学中，教师"教"和学生"学"是两种不同的行为活动，因此，在体育教育中实施评价需要围绕"教"和"学"进行评价。目前，关于学生学习

评价的研究相对较多，而关于教师教授评价的研究相对偏少，主要是关于老师的课堂教授的评价。因此，在两个层面上达到体育教学的评价目标是较为困难的。为此，相关的专家和学者应对"教"和"学"两个方面进行深入研究，为"教"与"学"提供相对独立评价体系，这样才能保证体育教学评价的全面化和科学化。

第三节　高校体育教学评价体系优化

一、体育教学评价体系的优化原则

(一) 科学性原则

优化体育评价体系前，需要以完备的整体评价指标体系为依据，全面体现评价目标的要求。而完备的整体评价指标体系应该是科学的，以提高教学评价的科学化水平为重心，防止教学评价中的盲目性、随意性和经验主义倾向。在筛选指标时，要遵循教育的一般规律，保障指标体系中各指标的独立性，保障在同一个层次中的各项指标，不存在因果或重叠的关系。

(二) 客观性原则

现阶段，进行体育教学评价体系的优化，需要以体育教学评价理论为导向，以我国学校的实际情况为基础，全面、系统、客观地分析评价中的多种因素，提高评价体系结构要素的客观性，从而进一步提升体育教学效果。在对体育教学进行评价的过程中，要注重遵循客观、合理及公正的原则，对教师的"教"与学生的"学"进行客观判定。

(三) 可行性原则

评价体系中的各项指标既要符合体育学科的特点，也要符合学生身心发展的规律，还需要具有可行性。在优化评价目标与指标体系前，应对我国学校体育教学的实际情况进行调查与研究，通过对目前我国体育教学评价的调查，找出其中的问题和缺陷。同时，应充分肯定体育教学评价的优势，并据此构建一套更为科学的评价体系。优化后的评价指标应能较好地体现出体育教学的效果。

(四) 可比性原则

在体育教学评价系统中，所有指标都要体现出被评价对象的共性，并且要具备可比性，也就是说，每个指标都应该是一个特定的具体目标，并且要用一种特定的、可操作的语言来定义它，利用某种评价方式来观察、了解它，从而得到确切的结论。同时，在优化评价指标时，要尽可能简洁，以保证评价指标的可操作性、可比性。

(五) 导向性原则

优化体育教学评价体系，要引导体育教学往更好的方向发展，并有利于体育教学活动的发展，要有效发挥教学评价的引导作用，并及时地反馈信息，从而进一步提升教学质量。教学评价以促进学生全面发展为目标，以改善教学质量为主要目的。通过评价，可以发现体育教学中的合理性与不合理性，以做出准确的判断，为教师改善教学工作提出科学性的建议，为学生的学习提供积极的引导。

(六) 全面性原则

进行体育教学评价，需要对被评价的对象的各方面进行全方位的考查，并全面考查和综合评价被评价者，不应特别突出某一方面。体育评价应包括对体育教学理论、身体素质、技术技能、智力发展、个性态度、道德品质等的评价。为此，需要在评价前对每一个指标的相关资料进行搜集，再对每一个资料和元素进行综合分析，并作出相应的判断。

二、新形势下体育教学评价体系优化的设想

(一) 树立新的体育教学评价指导思想

目前，在我国全面推进素质教育的背景下，要真正实现体育教育的改革和发展，提升体育教学质量，需要有一个新的、科学的体育教学评价体系。

新的课堂评价标准着重强调学生在教学评价过程中的主体地位。第一，注重对学生学习的关注，培养他们的综合素质。第二，注重将教学内容与现实生活相结合，并将教学内容与当代社会、科学技术的发展相结合。第三，大力提倡积极的、协作的、探索的学习方法，让学生能够更好地发挥自己的主体作用，从而培养他们的科学价值观念。第四，重视对大学生的创造精神和实践操作的培养。

(二) 有机结合定量评价与定性评价、行为评价与心理评价

虽然定量评价有许多优势，但是在对高校体育课堂教学进行评价时，却存在着将繁复的课程教学过程过度简化、格式化等问题。但是，如果使用了质性评价的形式来展开评价的话，将会更加有利于具有复杂性和多样性的课堂教学，这种评价方法将会更加注重在体育教学过程中全面而真实的表现，它会考察认知层面和行为表现。因此，从发展性评价的层面来看，将定量评价和定性评价相融合，是更好提升体育教学评价效果的重要途径。将这两种方法融合，可以为定性评价提供一种数量化和趋势性的参照，并能用等级评定的方法对体育课堂教学评价结果进行表述。

在体育教学评价的实践工作中，既要注重易于量化的定量测评，更要注重不易量化的定性评价，这也是体育评价中的一个难题。同时，要注意运用行为评价和心理评价相结合的方法。由于体育教学评价是一个比较复杂的价值判断的过程，它不仅有具体、直观、外在等方面的特征，还具有一定的抽象性、间

接性及内在性。仅依靠特定的指标，很难观测和判断其行为表现，以及客观评价其心理特征和行为特征，尽管在评价系统中加入了心理评价的因素，提高了评价的困难程度，但在实际操作中开展心理评价具有重大的现实意义。

(三) 由重视结果向重视过程转变

当前，从国内外体育改革和体育教学改革的趋势来说，都非常重视教学和学习的过程，关注对学生创新精神和实践能力的培养已经成为一种共识。以现代知识层面来看，知识是一个过程而非一个结果。学习和探索知识对于学习者而言，是一个极为重要的过程。同时，体育教育的本质目标是以促使学生对本学科知识与其他学科知识融会贯通为基础，激发他们的创造能力和创新意识。

第四节　体育教学评价的改革与发展

一、体育教学评价的改革

(一) 体育教学评价的优化重点

1. 评价内容应兼顾知识与技能

在体育教学过程中，不能只注重体育技能的教学。学校体育的发展与改革都要求对学生进行全面的体育文化教育。学生的体育文化教育包括对他们进行体育思想、行为、习惯、学习态度等的教育。进行全面的体育文化教育，既要传授给学生体育知识和技能，也要培养学生的身体素质、体育意识和锻炼习惯。

在我国体育教学的发展和优化中，对体育教学的评价提出了新的要求。如果在进行体育教学的评价中，过于注重对体育技能的评价，而忽略对学生体育文化素养的评价，则会造成评价的不全面，这种评价很难让学生发展成一个全面型的体育人才，也很难让他们与社会不断发展的需求相适应。

2.评价主体应多元化

体育教学评价作为全面且系统的体育教学活动过程中的重要一环，有着检验、反馈、调控等多重作用。而教学评价作用的发挥很大程度上受到体育教学评价目的、评价主体参与教学评价积极主动性的影响。由此看来，评价主体的作用不容小觑，而评价主体的多元化可以帮助师生在评价中不断反思、认识自我，从而实现自主学习和发展。

3.既要注重评价过程，也要重视评价结果

在体育教学评价中，如果只重视评价结果，忽视评价客体不同阶段的进步与发展，或反过来，重过程轻结果，都会阻碍形成性评价的实现，同时也会限制体育教学评价作用的发挥。

体育教学评价的指导原则是，利用对客观标准的运用，检查体育教学活动，对评价的结果进行认真分析，与积极反馈，以推动体育教学的发展。这一指导原则主张将评价指标作为评价的依据，客观评价体育教学过程，肯定教学中的积极性行为，挖掘教学行为的不足，并给出合理的修正建议，形成一个科学的评价结果。

(二) 体育教学评价的优化措施

1.改进评价体制，实施多方位评价

体育教师是体育课程教学的主导者，在对学生进行评价前，要对学生的身体素质基础、运动能力进行全面了解，并对学生的学习和锻炼的表现等进行多方面的评价，有效激发学生的学习热情，快速实现体育教学目标。在"水平目标"的设立下，各阶段教师所承担的教学工作会发生一些改变，并在课程内容选取、教育的方法和手段等方面也发生相应的改变。这就需要在体育教学中根据五个学习领域来设定评价内容，以确保评价结果的客观、准确。

2.通过"学习小组"促进学生协作能力的增强

在许多体育项目中，用"学习小组"作为评价的对象，是较为恰当的。其中，比较合适的项目内容包括：队形队列训练、篮球、足球比赛等，对"学习小组"进行评价，其根本目标在于促使小组成员在团队中发挥协作精神，从而提高其社会适应能力。因为在一个"学习小组"中，每一个学生在这个小组中的表现都会对整体的学习状况产生很大的影响，在这个时候，各个学生都会担负起监督那些不主动进行学习的学生的责任，这样才能够一起创造出一个良性的小组学习环境，这在提升小组的整体学习热情以及加强他们的合作意识方面有着非常重要的作用。

3. 对体育课特有的教学环境资源积极开发

在面对课程改革时，体育课程与其他课程相比，有其独特的课程资源优势。课程改革指出，需要不断提升学生的社会适应能力、合作能力和人际交往能力。体育教学的环境和载体都是丰富多彩的，甚至可以跨年级合作，提升学生各方面的能力，促使学生能积极参与到各类体育活动中。且在体育活动中，学生还可以学会在"体育运动"的基础上提高自身的人际交往能力。

二、体育教学评价的发展

(一) 评价主体多元化、互动化

伴随着全民体育理念在社会中广泛传播，教学评价的主体不再局限于教师和学生，还应该包括教学管理者、家长和社会公众。在教学评价体系设计的过程中，教育管理者是评价体系设计的参与者，教师和学生可以对其设定的评价体系的实际效果展开评价；家长作为学生的监护人，对学生的体育能力发展最具有话语权；社会公众的群体范围较广，对整体教育体系所作的贡献有较深的认识。结合各方的意见得出的结论才能更为客观、准确和全面。

现代化的体育教学评价，着重于把一个完整的，有血有肉、有感情、有性格的学生，作为评价对象，并用评价来促进受教育者的人格的全面发展，重视质的评价，把一切对学生人格发展具有重要影响的事物，包括知识、情感、爱好、意志等，作为评价的对象。

在评价的时候，要将评价过程中的开放、透明和评价主体间的双向选择、沟通和协商作为重点，共同关注评价结果，学生与学生，以及教师与学生之间的自评、互评。都可以让受评价者更清楚地了解自己的优势和不足。这才能更好地发挥评价的激励作用和发展性作用。

(二) 评价内容多元化

当代的体育教学评价已经从单纯的技术技能达标评定或身体素质测试，转变为一种多样化的发展态势。在全面推进素质教育的过程中，学校逐渐重视学生的综合素质评价，在注重他们学习成果的同时，还注重培养他们的创新精神、实践能力和心理品质，尤其是特长生的个性发展，受到普遍关注。将多元评价模式的功能充分利用起来，可以让那些在某一方面有一定优势或潜能的学生，找到自己的闪光点，从而推动他们的协调发展。

(三) 评价体系多维化、多元化、综合化

体育教学的考核评价体系应当包括：锻炼习惯评价，体育技术、技能评价，基础知识评价等多方面评价。

在对学生的体育学习成绩进行评价时，应将过程评价与终结评价相融合；学生自评与互评相结合；以学生个体发展为主的纵向评价与横向对比相结合，形成一套多维度的评价体系，让每个学生都能在体育课程学习中得到更好的发展。

多元化是我国高校体育教学评价在理论和实践发展上的趋向，主要表现在：评价观念的多元化、评价方法的多元化、评价主体的多元化。所有体育教学评价理论的产生、发展，都要建立在特定的时段和社会环境条件中，没有永恒的体育教学评价标准和方法。体育教学的评价是为了满足教育发展需要而进行的，因而也具有一种很强的社会属性。当前，有关专家正在致力于研究教学评价理论的科学化问题，而体育教学评价也是如此，存在着科学化的问题。虽然科学化的历程时间较长，但是，随着体育的发展，对其教学评价的科学化问题就会持续下去。

第五节 体育教学评价的案例分析

一、教师对学生学习评价的案例及分析

(一) 案例陈述

接下来将重点分析教师对学生的综合评定。这个案例主要是对学生在体育学习中的体能、学习态度、知识与技能、情感表现与协作精神等方面展开综合评价。具体如表7-2所示。

表7-2 学生体育学习成绩综合评价表

评价内容		体能		学习态度		知识与技能		情感表现与协作精神		隶属度
		体能测试	进步幅度	出勤状况	平时表现	健康知识	运动技能	情感表现	协作精神	
		1	2	3	4	5	6	7	8	
评价等级	非常优秀									0.95
	优秀									0.75
	良好									0.65
	合格									0.55
	不合格									0.45
权重系数		0.17	0.06	0.05	0.11	0.515	0.16	0.515	0.15	

1. 体能评定

体能评定中的体能测试和进步幅度的标准都是按照《国家学生体质健康标准》来制定的。现有成绩与学生原有成绩进行比对，将没有任何进步或者退步了的学生，分到不合格档次；将提高了一个档次的学生，分到合格的档次；将提升了两个档次的学生，分到良好的档次；将提升了三个档次的学生，分到优秀的档次；将提升了四个档次的学生，分到非常优秀的档次。

2. 学习态度的评价

出勤状况即学生的出勤情况，可以反映出学习态度。评价标准为：出勤率达到95%～100%为非常优秀；出勤率达到90%～95%为优秀；出勤率达到85%～90%为良好；出勤率达到80%～85%为合格；出勤率达到75%～80%为不合格。平时表现的标准具体如表7-3所示。

表7-3　学生平时表现评价表

	评价内容	分值	自评	互评	师评	总评
1	集队"静、快、齐"，认真记录课堂知识点	12				
2	认真做好自评和对其他同学的互评工作	13				
3	主动自觉地参与体育活动	12				
4	遵守课堂常规和课堂纪律	12				
5	积极思考，为达到目标反复练习	13				
6	认真听教师讲课，看教师示范	12				
7	学习方法能体现出灵活性和创造性	13				
8	认真完成课外作业，接受教师指导	13				

3. 知识与技能评定

主要以特定的标准，结合师评、学生互评、自评等多种方式进行评定。

4. 情感表现与协作精神

情感表现的具体评定标准如表7-4所示，协作精神的具体评定标准如表7-5所示。

表7-4　学生情感表现评价表

	评价内容	分值	自评	互评	师评	总评
1	为达到目标坚持不懈地努力学习	13				
2	自觉运用体育活动调整心理	13				
3	坚韧的意志品质，勇敢的拼搏精神	13				
4	在活动中有展示自我的欲望、行为	13				
5	敢于面对困难，勇于克服困难	12				
6	通过体育活动树立自信心	12				
7	勇于挑战自我、战胜自我	12				
8	大胆做练习，能战胜自卑	12				

表7-5　学生协作精神评价表

	评价内容	分值	自评	互评	师评	总评
1	主动承担在小组学练中的任务	13				
2	在比赛中，能为小组的荣誉全力以赴	13				
3	能与他人很好地交换自己的意见和见解	13				
4	尊重老师、尊重同学	13				
5	不计较胜负，赞扬对手	12				
6	认真分析失败原因，不埋怨他人	12				
7	在比赛中尊重裁判、尊重对手	12				
8	主动安慰、帮助受挫失败的同学	12				

(二) 案例分析

1. 优势

这一案例根据学生的体能、学习态度、知识与技能、情感表现与协作精神来进行综合分析，内容覆盖较为全面。在体能的评价中，还综合了学生体能的先天差别这一客观现实，以提高的程度作为衡量其体能状况的指标，有利于激发体能较弱学生的锻炼热情。

2.有待改进的方面

(1)在体能评价中,采用进步幅度来评价虽然有一定的作用,但对于体能本来就较好的学生来说,进步不明显,尤其是对于"没有进步就将学生划分为不合格"这个标准,会在很大程度上打击部分学生的积极性。

(2)在知识与技能评价中,综合多种评价方式,不符合对知识和技能进行客观评价的本意。

(3)虽然将学生体育学习评价分为四个部分(体能、学习态度、知识与技能、情感表现与协作精神),但是这四个部分没有具体的比重划分。

(4)评价方案中没有具体的综合评价,并且给出了评价的隶属度和权重系数,这将极大地加大评价人员的计算工作负担,增加评价操作的难度。

(5)在平时表现、情感表现与协作精神等指标中有三个需要改进的方面。

①在内容设置上还有待进一步调整,如"认真记录课堂知识点",在体育课堂中,很难判定学生是否将课堂中的知识点记录下来,且认真的程度也需要另外制定标准;"坚韧的意志品质、勇敢的拼搏精神",没有对具体的表现情景作出解释,因此,很难判定这一指标指的是体育教学产生的结果,还是学生自身具备的原有品质。

②在平时表现、情感表现与协作精神方面,都有教师评价。教师要对这些方面展开评价,没有一个客观的参照标准。

③每个项目都要经过教师的评价,给教师带来了额外的工作负担,所以在实践中难以实施。

二、学生自我评价的案例及分析

(一)案例陈述

下面重点分析学生退出协议自我评价法的案例。为了更便捷地评价学生的进步情况、学生自身的感受,采用成立学习小组的形式,在结束一个阶段的学习前，要求每个学生都填写一份"退出协议"，作为自己走出学习小组的"通行证"。

退出协议的主要内容为：学生姓名、日期、我喜欢我们小组的原因、我们学习方案中我所关心的、在这个小组中我希望能学到的、我还未解决的问题、我想为我们小组做的事情。

（二）案例分析

这个案例是在学习前将学生分为多个小组，在一个单元的学习结束后，进行总体评价，这可以从侧面反映出每个学生本阶段学习的整体情况。在摸清学生自评的基础上，教师不仅能够发掘出学生的优势和不足之处，为进行下一阶段的教学活动提供信息支撑。还能将经过收集、分析后的客观信息反馈给学生，让他们能够直观地了解自己的学习情况。

三、学生对教学过程评价的案例及分析

（一）案例陈述

接下来，将对刚上完体育课、做完的体育与健康课堂教学评价问卷调查案例进行分析。具体问卷内容如表7-6所示。

表7-6　体育与健康课堂教学评价问卷

评价项目	评价内容	权重分数	得分
学习方式25	学习目标明确	5	
	明确自己的学习任务，知道学什么、怎样学	5	
	能主动探索思考学习内容，而非被动接受	5	
	通过教师的组织，成功地应用学法，手、脑、口等多种感官并用，开展练习活动	5	
	积极参与练习，争取发表自己的看法，接受他人的意见	5	

续表

评价项目		评价内容	权重分数	得分
学习水平 35		在体育课堂上,感觉非常愉快	5	
		在教师指导下,充分利用自己已有的知识和能力,学习新的知识、技能	5	
		认真思考学习过程中遇到的各种问题,勇于克服遇到的困难	5	
		遇到问题时及时与教师沟通、交换看法	5	
		善于与同学们互相帮助、学习,合作完成一项任务	5	
		在教师组织下积极参与小结、总结和回顾认知过程,反思学习方法	5	
		课上能得到同学和教师的评价与鼓励	5	
学习效果 40	知识目标	具有必备的知识和能力准备,并激活了这些原有的储备	5	
		学到了关于运动与身体健康的知识	5	
		学会了一些新的运动技能或战术配合	5	
	能力目标	能自主地进行体育学习、练习	5	
		感觉自己在思维、组织或合作等方面有所提高	5	
	情感目标	将体育老师看作自己的朋友	5	
		达到了自己的预期目标,获得了成功的体验	5	
		在遇到困难时,表现出果断和勇往直前的精神状态	5	
总分				
写给老师的话				
写给自己的话				

(二)案例分析

这个案例是在体育课结束后,针对学生在体育课堂上学习的情况进行调查,在学生刚上完课这一时间段,其印象较为深刻,这时开展的调查,很大程度上可以及时获取信息,但与此同时,选在这个时间段对学生进行调查,很可能会大大降低学生对体育教师评价的客观性。因此,在采用这种形式的问卷调查时,要注意与其他的评价方法结合使用,提高对教师教学水平评价的客观性。

四、教师之间相互评价的案例及分析

(一) 案例陈述

接下来将对课堂教学记录的案例进行分析，具体如表7-7所示。

表7-7 课堂教学观察记录表

\multicolumn{6}{c	}{省　　市(区)　　县(区)　　学校}
课程名称		授课教师		班级	年级　　班
课程性质	学科/活动	课程类别	必修/选修/任选	授课时间	第　节
教学内容	\multicolumn{5}{l	}{}
\multicolumn{6}{l	}{基本教学方式：1. 讲授　　2. 讨论　　3. 比赛　　4. 练习　　5. 辅导　　6. 其他 辅助教学方式：1. _____　2. _____　3. _____ 教学态度 教学准备的充分程度： 对所教内容的熟悉程度： 教学目标的合理性与清晰性： 教学内容选择的合理性： 教学进度掌握的合理性： 教学方法运用的合理性： 教学时间利用的合理性： 教学过程质量 知识内容表达的准确性： 语言表达的条理性： 讲授过程的启发性： 讲授过程的生动性： 板书的规范性： 师生交流的充分程度： 学生互动交流的充分程度： 课堂秩序 课堂气氛： 学生学习态度： 教学效果 知识掌握： 技能培养： 思想品德教育： 现场评价：}
\multicolumn{6}{l	}{优点： 改进的地方：}
观察时间：	\multicolumn{2}{l	}{年　　月　　日}	\multicolumn{3}{l	}{观察者(姓名/职称)签名：}

(二)案例分析

伴随体育课程改革的深化,对体育教师素质的要求也在不断提升,要想提高教师的教学水平,可以通过教师之间互评的评价方法,对教师的教学状况展开评价,从而提升评价的可信度。在这个案例中,有针对性地设计了教师听评课的具体评价内容,这样可以更好地引导听课者选取自己的评价视角,也可以让授课教师知道自己需要从哪些方面做准备和提升,从而促进教师的成长。这个例子中有些东西参考了其他学科的评价内容,所以教师在使用时,还需要根据自己的具体情况做出相应的调整。

参考文献

[1] 刘一平. 当代大学生体质健康与促进 [M]. 北京：科学出版社，2015.

[2] 毛振明. 体育教学论 [M]. 北京：高等教育出版社，2017.

[3] 吴广，冯强，冯聪. 高校体育管理体制与教学改革研究 [M]. 北京：研究出版社，2020.

[4] 张振华. 体育教学理论与方法 [M]. 北京：北京师范大学出版社，2016.

[5] 刘云民，王恒. 排球教学与训练 [M]. 哈尔滨：哈尔滨工程大学出版社，2016.

[6] 潘映旭，安琪，王骏昇. 中小学排球教学理论与方法 [M]. 北京：北京体育大学出版社，2016.

[7] 董亚会. 现代体育教学管理与理论创新研究 [M]. 北京：中国水利水电出版社，2018.

[8] 董大志，周余，陈维富. 现代体育教学管理探索与课程实务研究 [M]. 北京：中国书籍出版社，2017.

[9] 耿剑峰. 创新教育理念下的体育课程建设与教学管理研究 [M]. 北京：新华出版社，2020.

[10] 杨景元，董奎，李文兰. 体育教学管理与教学现状 [M]. 长春：吉林人民出版社，2019.

[11] 王刚, 张德斌, 崔巍. 体育教学管理与模式创新 [M]. 延吉：延边人民出版社, 2019.

[12] 李新文. 体育健康管理方法论 [M]. 成都：电子科技大学出版社, 2014.

[13] 曾佳. 大学体育教学与管理研究 [M]. 长春：吉林出版集团股份有限公司, 2019.

[14] 苑莎. 新时期体育教学管理与教学质量提高综合研究 [M]. 北京：北京工业大学出版社有限责任公司, 2019.

[15] 李尚华, 孟杰, 孟凡钧. 大学体育教学与管理实践 [M]. 长春：吉林出版集团股份有限公司, 2019.

[16] 李启迪, 邵伟德. 体育教学基本理论研究 [M]. 北京：北京师范大学出版社, 2014.

[17] 张劲松, 张树巍. 高校体育管理理论与实践 [M]. 沈阳：东北大学出版社, 2016.

[18] 杨秀, 任静, 于洪波. 高校体育教学创新方法论 [M]. 北京：中国石化出版社, 2020.

[19] 毛振明. 体育教学论 [M]. 北京：高等教育出版社, 2011.

[20] 周春娟. 高校体育教学的影响因素分析与改革探索 [M]. 青岛：中国海洋大学出版社, 2019.

[21] 李海英. 新时代高校体育教学的多维研究与运动教育模式探索 [M]. 北京：人民体育出版社, 2020.

[22] 姜明. 现代学校体育教学研究 [M]. 武汉：湖北科学技术出版社, 2013.

[23] 杨枭. 高校体育教学理论探索与实务研究 [M]. 北京：中国社会科学出版社, 2016.

[24] 王雁, 王东亮. 现代体育教学发展与管理应用研究 [M]. 北京：中国时代

经济出版社，2013.

[25] 刘明，张可，刘洋. 普通高校体育教学发展与改革探索 [M]. 北京：中国纺织出版社，2018.

[26] 常德庆，姜书慧，张磊. 高校体育教学与运动训练研究 [M]. 长春：吉林出版集团股份有限公司，2010.

[27] 曾雪珍. 基于多元智能评价模型的高校体育教学创新体系构建 [J]. 齐齐哈尔大学学报（哲学社会科学版），2021(5):177—181.

[28] 陈鹏，滕育松，杨硕文. 新媒体对高校体育教学的影响及提升策略 [J]. 当代体育科技，2021,11(15):138—141.

[29] 雷鹏飞，赵彤璐. 高校体育教学中篮球教育的现状及创新：评《篮球教学与训练》[J]. 林产工业，2021,58(5):128.

[30] 郭德英. 高校体育教学中游戏方法的合理运用方法探析 [J]. 当代体育科技，2021,11(14):87—89.

[31] 孙梦瑶. 高校体育教学和运动训练的协调发展 [J]. 当代体育科技，2021,11(14):155—157.

[32] 张淼. 试论构建高校体育教学创新体系 [J]. 当代体育科技，2021,11(13):208—210.

[33] 冀阳，柯达，杨小娜，等. 高校体育教学内容结构体系的构建：评《高校体育教育创新理念与实践教学研究》[J]. 教育发展研究，2021,41(8):85.

[34] 柳川. 民族传统体育元素引入高校体育教学的反思与实践 [J]. 四川体育科学，2021,40(2):133—135.

[35] 李振凤，孙红梅. 教学方法改革应重视的两个问题 [J]. 北方论丛，1994(3):111—112.

[36] 彭爽. 基于现象学的视角对体育教学实践问题的研究 [D]. 武汉：华中师

范大学，2017.

[37] 闫绍惠. 体育课程资源的开发与利用 [J]. 教书育人，2010.

[38] 曾永忠，董伦红，赵苏喆. 高职体育课程教学目标体系改革与构建 [J]. 四川体育科学，2008.

[39] 白月桥. 课程目标建构与历史教材编写 [J]. 历史教学问题，2004.

[40] 白月桥. 课程标准实验稿中课程目标问题探讨 [J]. 教育科学研究，2004.

[41] 黄涛. 鄂东地区高职院校体育课程现状及体系构建 [D]. 北京：北京体育大学，2009.

[42] 葛国政. 体育课程评价内容述略 [J]. 广东广播电视大学学报，2008.

[43] 魏丽香. 新形势下高校体育课程评价内容与功能的探析 [J]. 惠州学院学报（社会科学版），2005.

[44] 张利民. 新课程标准下初中物理教学评价的初步研究 [D]. 武汉：华中师范大学，2005.

[45] 安涛. 新课改中体育课程资源的开发 [J]. 陕西教育（教学），2006.

[46] 杨洪涛. 职校中体育教学中的素质教育 [J]. 职业，2006.

[47] 陈猛. 高校体育教学与素质教育的探讨 [J]. 黑龙江农业工程职业学院学报，2005.

[48] 申威. 如何渗透体育教育中的素质教育 [J]. 长春理工大学学报（综合版），2006.

[49] 刘明海，刘凤婷. 少儿运动员赛中心理状态的调查与分析 [J]. 南京体育学院学报（社会科学版），2004.

[50] 董俊，王大勇. 浅谈学校体育教学与素质教育 [J]. 长春教育学院学报，2010.

[51] 谢林轩. 浅谈体育教学中学生素质教育的培养 [J]. 科学教育，2012.

[52] 王丽影. 如何发挥体育课的综合功能 [J]. 快乐阅读，2012.

[53] 贾善起. 浅谈如何在体育课中实现素质教育的目的 [J]. 青春岁月，2011.

[54] 李丽琴. 体育课如何培养学生的素质 [J]. 中学时代，2014.

[55] 高贵. 论体育教学中的素质教育 [J]. 科技资讯，2005.

[56] 吴尤敏，于敏. 体育教学中如何体现素质教育 [J]. 科技信息 (学术研究)，2006.

[57] 王兵群. 论体育教学中的素质教育 [J]. 理论观察，2005.

[58] 牛力. 体育教学与德育教育 [J]. 文学教育 (下)，2011.

[59] 郑柏武. 试论素质教育中的学校体育 [J]. 龙岩学院学报，2005.

[60] 贺杰. 论体育教学中的素质教育 [J]. 贵州体育科技，2005.

[61] 陈胜强. 论高校中的体育教学与素质教育 [J]. 安阳工学院学报，2006.

[62] 周策. 论体育教学中的素质教育 [J]. 内蒙古师范大学学报 (哲学社会科学版)，2004.

[63] 王卓娅.《体育与健康》课程资源的开发 [J]. 南京体育学院学报 (社会科学版)，2004.

[64] 张恩然. 浅谈学校教育与学生发展和美育的体现 [J]. 当代体育科技，2012.

[65] 马万凤. 高校体育教师知识、能力素质的构建 [J]. 山东体育科技，2002.

[66] 吕晓伟. 从环保纪录片透视影视文化对大学生认知发展的教育功能 [J]. 南京：南京邮电大学，2017.

[67] 王凯东. 构建初中思想品德课堂学习共同体探析 [J]. 苏州：苏州大学，2011.

[68] 顾晓艳. 从《课标》的基本理念谈田径教学中的快乐教育 [J]. 黔南民族师范学院学报，2003.

[69] 王慧玲. 论班主任的能力素质 [J]. 培训与研究（湖北教育学院学报），2004.

[70] 靳珊. 北京体育大学体育教育专业篮球专项技术考核评价体系的建立 [D]. 北京：北京体育大学，2016.

[71] 徐丹建. 初中体育与健康课堂教学发展性评价体系的理论研究 [D]. 长春：东北师范大学，2005.

[72] 徐丹，刘洪翔. 普通高校体育与健康课堂教学发展性评价的理论研究 [J]. 宜春学院学报，2006.

[73] 闫允璐，周丽，张若杰. 国体育教学评价的发展趋势 [J]. 体育科技文献通报，2010.

[74] 谢宗皖. 形势下高校体育教学评价体系构建初探 [J]. 职业圈，2007.